Engelhorn Bücherei

Weihnachtsbriefe deutscher Dichter

Gesammelt
und herausgegeben
von Ulla Küster

Engelhorn  Verlag
Stuttgart

Dem Andenken meines Vaters
KURT SAUCKE

© 1988 Engelhorn Verlag, Stuttgart

INHALT

- 9 ADALBERT STIFTER, Weihnacht
- 11 JOHANN WOLFGANG GOETHE an J. C. Kestner
- 16 JOHANN HEINRICH VOSS an seine Frau Ernestine
- 19 MATTHIAS CLAUDIUS an seine Tochter Anna und deren Mann
- 24 MATTHIAS CLAUDIUS an seine Tochter Caroline und deren Mann
- 26 JEAN PAUL an seine Frau Karoline
- 27 ACHIM VON ARNIM an Bettina Brentano
- 29 ERNST MORITZ ARNDT an Charlotte von Kathen
- 31 THEODOR KÖRNER an die Seinen
- 32 MARIANNE VON WILLEMER an August von Goethe
- 35 CLEMENS BRENTANO an Rudolf Clemens Rochs
- 37 HEINRICH HEINE an Moses Moser

INHALT

- 39 FRIEDRICH SCHLEGEL an Christine von Stransky
- 40 EDUARD MÖRIKE an seine Braut Luise Rau
- 42 ERNST MORITZ ARNDT an Charlotte Pistorius
- 44 GEORG BÜCHNER an seine Familie
- 46 NIKOLAUS LENAU an Sophie Löwenthal
- 47 FRIEDRICH HEBBEL an Elise Lensing
- 50 FRITZ REUTER an seinen Vater
- 52 BETTINA VON ARNIM an ihre Schwester Kunigunde von Savigny
- 55 JOSEPH VICTOR VON SCHEFFEL an seine Mutter
- 59 THEODOR FONTANE an Friedrich Witte
- 60 THEODOR STORM an Hartmuth Brinkmann und dessen Braut
- 65 OTTILIE WILDERMUTH an Justinus Kerner
- 67 THEODOR STORM an seine Eltern
- 70 THEODOR FONTANE an die Seinen

INHALT

- 72 FRITZ REUTER an Ludwig Reinhard
- 74 FRIEDRICH NIETZSCHE an Mutter und Schwester
- 77 FRANZ GRILLPARZER an Auguste von Littrow-Bischoff
- 80 DETLEV VON LILIENCRON an Ernst Freiherr von Seckendorff
- 83 PETER ROSEGGER an Emil Brunlechner
- 86 WILHELM RAABE an Jensens
- 87 PETER ALTENBERG an ein kleines Mädchen, genannt »Peter«
- 90 THEODOR STORM an Gottfried Keller
- 93 FRANZISKA GRÄFIN ZU REVENTLOW an Johannes Emanuel Fehling
- 96 CHRISTIAN MORGENSTERN an Philipp Deppe
- 100 AGNES GÜNTHER an ihren Mann
- 102 WILHELM BUSCH an Frau Hesse
- 104 RAINER MARIA RILKE an Ellen Key

INHALT

108 MAX DAUTHENDEY an seine Frau
112 HANS CAROSSA an Maria Demharter
116 THOMAS MANN an seine Tochter Erika
120 BERT BRECHT an Helene Weigel
122 HANS CAROSSA an Franz Hammer
123 GOTTFRIED BENN an F. W. Oelze
126 STEFAN ZWEIG an seine frühere Frau
129 ERNST WIECHERT an Gerhard Kamin
131 ERNST WIECHERT an Melitta Kamin
133 HANS ERICH NOSSACK an Hermann Kasack
137 GERTRUD BÄUMER an Ruth Ritter
139 GOTTFRIED BENN an F. W. Oelze
140 LITERATURVERZEICHNIS
143 QUELLENNACHWEIS

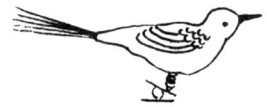

ADALBERT STIFTER
WEIHNACHT

So weit Aufzeichnungen und Erinnerungen zurückreichen, haben Menschen und Völker ihre heiligen Feste gehabt, an denen sie ihre Seelen in nähere Beziehung zu den Wesen setzten, die sie über sich glaubten, als Herren ihres Schicksals, mit großer, oft unbegrenzter Macht ausgerüstet, mit Gaben versehen, die unbegreiflich sind, und den Willen hegend, auf die Menschen mannigfach einzuwirken, sie mochten nun diese Wesen Götter oder Selige oder Himmlische oder wie immer heißen. Und ein Schein und ein Schimmer war gewiß zu allen Zeiten für sinnige Gemüter durch Herz und Natur bei diesen Festen ausgegossen, wenn auch nicht alle, ja vielleicht die wenigsten, Ursprung, Zweck, Bedeutung und Inhalt der Feste erkannten, und wenn sie vielmehr ihre eigenen frommen oder dichterischen oder einbildungsvollen Gedanken mit dem Feste verbanden. Und als das Licht des reineren Glaubens in die Welt gekommen war, haben die Feste nicht aufgehört, sie sind heiliger geworden, und ein Schein und ein Schimmer ist durch Herz und Natur bei ihnen ausgegossen, wenn die Menschen sich mit ihren Ahnungen in das Wesen des Festes versenken, und wenn sie kleine Verzierungen und kleine Zutaten je nach den Wallungen und Pulsschlägen ihres Lebens beifügen.

Und ganze Abschnitte des Jahres bezeichnen solche Feste, und wie Lichtsäulen stehen sie auf den Zinnen der Zeit.

JOHANN WOLFGANG GOETHE
AN J. C. KESTNER

Frankfurt, 25. Dezember 1772

Christtag früh. Es ist noch Nacht lieber Kestner, ich bin aufgestanden, um bei Lichte morgens wieder zu schreiben, das mir angenehme Erinnerungen voriger Zeiten zurückruft; ich habe mir Coffee machen lassen, den Festtag zu ehren, und will Euch schreiben bis es Tag ist. Der Türmer hat sein Lied schon geblasen, ich wachte drüber auf. Gelobet seist du Jesu Christ. Ich hab diese Zeit des Jahrs gar lieb, die Lieder, die man singt; und die Kälte, die eingefallen ist, machen mich vollends vergnügt. Ich habe gestern einen herrlichen Tag gehabt, ich fürchtete für den heutigen, aber der ist auch gut begonnen und da ist mir's fürs enden nicht Angst. Gestern nacht versprach ich schon meinen lieben zwei Schattengesichtern Euch zu schreiben, sie schweben um mein

Bett wie Engel Gottes. Ich hatte gleich bei meiner Ankunft Lottens Silhouette angesteckt, wie ich in Darmstadt war, stellen sie mein Bett herein und siehe, Lottens Bild steht zu Häupten, das freute mich sehr, Lenchen hat jetzt die andere Seite, ich dank Euch Kestner für das liebe Bild, es stimmt weit mehr mit dem überein, was ihr mir von ihr schriebt als alles, was ich imaginiert hatte; so ist es nichts mit uns, die wir raten, phantasieren und weissagen. Der Türmer hat sich wieder zu mir gekehrt, der Nordwind bringt mir seine Melodie, als blies er vor meinem Fenster. Gestern, lieber Kestner, war ich mit einigen guten Jungens auf dem Lande, unsre Lustbarkeit war sehr laut, und Geschrei und Gelächter von Anfang zu Ende. Das taugt sonst nichts für die kommende Stunde, doch was können die heiligen Götter nicht wenden, wenns Ihnen beliebt, sie gaben mir einen frohen Abend, ich hatte keinen Wein getrunken, mein Aug war ganz unbefangen über die Natur. Ein schöner Abend, als wir zurückgingen, es ward Nacht. Nun muß ich Dir sagen, das ist immer eine

Sympathie für meine Seele, wenn die Sonne lang hinunter ist und die Nacht von Morgen herauf nach Nord und Süd um sich gegriffen hat, und nur noch ein dämmernder Kreis vom Abend heraufleuchtet. Seht Kestner, wo das Land flach ist, ists das herrlichste Schauspiel, ich habe jünger und wärmer Stunden lang so ihr zugesehn hinabdämmern auf meinen Wandrungen. Auf der Brücke hielt ich still. Die düstre Stadt zu beiden Seiten, der still-leuchtende Horizont, der Widerschein im Fluß machte einen köstlichen Eindruck in meine Seele, den ich mit beiden Armen umfaßte. Ich lief zu den Gerocks, ließ mir Bleistift geben und Papier, und zeichnete zu meiner großen Freude, das ganze Bild so dämmernd warm als es in meiner Seele stand. Sie hatten alle Freude mit mir darüber, empfanden alles, was ich gemacht hatte, und da war ichs erst gewiß, ich bot ihnen an, drum zu würfeln, sie schlugens aus und wollen, ich solls Mercken schicken. Nun hängts hier an meiner Wand und freut mich heute wie gestern. Wir hatten einen schönen Abend zusammen wie Leute, denen das Glück ein großes Geschenk gemacht hat, und ich schlief ein, den Heiligen im Himmel dankend, daß sie uns Kinderfreude zum Christ bescheren wollen. Als ich über den Markt ging und die vielen Lichter und Spielsachen sah, dacht ich an Euch und meine Buben, wie Ihr ihnen kommen würdet, diesen Augenblick, ein Himmlischer Bote mit dem blauen Evangelio, und wie aufgerollt sie das Buch erbauen werde. Hätt ich bei Euch sein können, ich hätte wollen so ein Fest Wachsstöcke illuminieren, daß es in den kleinen Köpfen ein Widerschein der Herrlichkeit des Himmels geglänzt hätte. Die Torschließer kommen vom Bürgermeister und rasseln mit Schlüsseln. Das erste Grau des Tags kommt mir über des Nachbars Haus, und die Glocken läuten eine Christliche Gemeinde zusammen. Wohl ich bin erbaut hier oben auf meiner Stube, die ich lang nicht so lieb hatte als jetzt. Sie ist mit den glücklichsten Bildern ausgeziert, die mir freundlichen guten Morgen sagen. Sieben Köpfe nach Raphael, eingegeben vom lebendigen Geiste, einen davon hab ich nachgezeichnet und bin zufrieden damit, obgleich nicht so froh. Aber meine lieben Mädgen. Lotte ist auch da und Lenchen auch...

Nun Adieu, es ist hell Licht. Gott sei bei Euch, wie ich bei Euch bin. Der Tag ist festlich angefangen. Leider muß ich nun die schönen Stunden mit Rezensieren verderben, ich tus aber mit gutem Mut, denn es ist fürs letzte Blatt.

Lebt wohl und denkt an mich das seltsame Mittelding zwischen dem reichen Mann und dem armen Lazarus. Grüßt mir die Lieben alle. Und laßt von Euch hören.

JOHANN HEINRICH VOSS
AN SEINE FRAU ERNESTINE

Segeberg, 23. Dezember 1783

Hier sitz ich, meine liebe Ernestine, die Pfeife im Munde und eine Tasse Tee vor mir. Das Gesicht glüht mir von der Kälte, und die Finger sind noch eben so starr als gestern, da wir vom Spaziergang zurückkamen, und uns mit Kaffee erquickten. Ich habe den ganzen Weg her nicht viel anders gedacht, als an Dich und unsre Kinder, wie Ihr mit Großmutter nachsaht, was Ihr nun wohl machtet, was Ihr nun wohl von mir plaudertet, und mir Gutes wünschtet. In Hasseldorf erquickte ich meinen Fuhrmann mit Branntwein, wozu er brr! sagte. Dafür verschaffte er mir noch ein halb Bund Stroh, mir die Füße zu wärmen. Wenn Du diesen Brief liesest, bin ich schon bei Graf Christian in Tremsbüttel. Jetzt bist Du bei den Kindern. Wie lebhaft ich Euch vor mir sehe!

Heinrich und Wilhelm auf dem Stuhle stehend, und Hans mit dem Löffel im Munde. Küsse die süßen Dinger, und erzähle ihnen viel von ihrem Vater. Sei auch nicht traurig, meine Liebe, und bleib mir recht gesund, daß ich meine Lust an Dir sehe, wenn ich wiederkomme. Du bist doch mein Liebstes auf der Welt! Denke auch an mich, wenn Du schlafen gehst, und wenn Du aufwachst, strecke die Hand nach mir aus. Was das morgen abend für eine Freude sein wird, wenn das heilige Christgeschenk in aller seiner Pracht und Erleuchtung vor den Jungen erscheint. Laß sie Dir auch einen Kuß für ihren Vater geben, der in Gedanken bei Euch sein wird. Und Weihnacht mittag trinkt hübsch meine Gesundheit in dem übrig gebliebenen Bischof. Er hat mir heute sehr wohl getan, und ich danke Dir, liebes Mädchen. Die Mamsell Töchter des Wirts sitzen um mich, und machen Schmuck, der vermutlich übermorgen in der Kirche prunken soll. Der Herr Wirt tuscht manchmal, daß sie den Herrn Rektor nicht stören; und ich sage dann: »Lassen sie nur, es stört mich nicht.«

Das wird den Buben auch gefallen, daß sie nun ungescholten beim Tee plaudern können. Mache doch, daß sie mich darum doch lieb behalten. Ich fühle es heute mit allen Kräften meiner Seele, wie lieb ich Euch habe, Dich Mutter, und die süßen Kindelein! Dank dir, lieber Gott, daß du mich so gesegnet hast...

MATTHIAS CLAUDIUS
AN SEINE TOCHTER ANNA UND DEREN MANN

Wandsbeck, den 28. Dezember 1798.

Lieber, lieber Max und liebe, liebe Anna!
Das Kistel war den heiligen Abend morgens richtig bei Perthes eingetroffen, und mit Carolinens und Perthes Weihnachtsgaben um 2 Uhr am Schweinemarkt dem Christian übergeben worden, um abends 6 Uhr an uns abgegeben zu werden. Hans war des Morgens mit Christian nach Hamburg gefahren, um die Weihnachtkuchen, die Mama für Caroline mitgebacken hatte, und die andern Geschenke abzuliefern, und sollte wieder mit dem mehrbesagten Christian herausfahren, weil es des entsetzlichen Schnees und Sturmes und Kälte wegen lebensgefährlich zu gehen war. Als Hans kommt, aufzusteigen, siehe, da hatte der Christian eine Fuhre nach Billwärder angenommen, und Hans mußte sich auf Petersens

Schlitten embarkieren. Der Petersen war besoffen, wirft auch den Hans richtig in den Schnee um, der dann halberfroren und halb außer sich, und, nachdem wir uns bei der immer zunehmenden Schneejagd seinetwegen nicht wenig geängstet hatten, endlich ankommt und erzählt von seiner Fahrt und von Christian und den Sachen, die er bringen werde. Wir waren mit Weihnachten für die Kinder nur schlecht besponnen und wollten also Carolinens und Euren Succurs gerne abwarten. Als es aber ¾ auf 8 geworden war, wollten die Kinder nicht länger warten und vor Tische abgefunden sein. Wir mußten also in unserer Blöße auftreten. Nach 9 Uhr ging ich zu Bette und ½ 11 Mama auch und fürchteten im Ernst für Christian und für unsere Sachen und wahrsagten, wo es wohl in Schnee stecken und was wohl in dem Kistel sein möchte. Die Kinder saßen noch und warteten, und da klopfte es an die Tür, und Christian, Christian erscholl aus allen Munden. Er war richtig da, und die Sachen wurden, wie Schneeklumpen gestaltet abgebracht und uns

Rapport darüber abgestattet. Ich und Mama standen den andern Morgen früh auf und packten Carolinens Korb auf dem großen Tisch rund um uns aus, und die Kinder wurden hereingerufen. Und als sie sich darüber satt erquickt hatten, gings an den Vaalser Kasten, und wir packten und lasen und besahen bis gegen 12 Uhr, und hatten einen sehr angenehmen Morgen. – Gott gebe Euch ein gesegnetes fröhliches Jahr, und sei mit Euch und mit Dir liebe Anna besonders.

M. C.

Das Kistel war so locker und los, daß ich dachte: die Hälfte würde verloren oder beschädigt sein. Es hat aber nichts gefehlt, und ist außer daß das Pomadeglas zerbrochen und die Kuchen ein grober Heckerling waren, nicht beschädigt gewesen. Die Kuchenherzen waren ganz und schmeckten würzig und kräftig. Etwas fest sind sie wohl. Den 2. Feiertag waren die Perthes und Genossen hier. Caroline wollte auch mit der Agnese mitkommen und über Nacht bleiben. Aber sie war so vernünftig, zu Hause zu bleiben. Die Kälte ist entsetzlich und der Schnee halb Manns hoch. In den Baracken auf dem Hamburger Berge sollen 19 Menschen erfroren sein. Eure Geschenke an Caroline nahm Perthes mit. Peter hat das Unglück gehabt, daß ihm den 16. Xbr. sein Viehhaus mit 65 Kühen und die Meierei abgebrannt sind.

Auch ich habe eine recht innige Freude an Eurem Kistel gehabt, lieber Max und liebe Anna. Es ist auch alles so charmant, die Art wie, und die Geschenke nach der Reihe, von meinem prächtig Tuch an bis auf das bunte Papier, worin alles gewickelt war. Die Hoffmannschen Tropfen sind mir sehr lieb, die schöne Pomade sehr angenehm, die Schokolade, Marsellen, Kastanien aus Eurem Garten etc. etc. Alles, alles hat mich gefreut, und denn noch die Krone darauf, das schöne Verzeichnis, von Anfang bis Ende köstlich. Wir wollen es Euch noch vorlesen, wenn Ihr herkommt. Nehmet meinen herzlichen Dank für alles, Ihr lieben Kinder. Gott segne Euch im neuen Jahre und gebe Euch alles, was Euch gut ist und helfe Dir, meine liebe Anna – – Das wünschet von ganzer Seele Eure Mutter

Rebecca Claudius

MATTHIAS CLAUDIUS
AN SEINE TOCHTER CAROLINE UND DEREN MANN

den 26. Xbr. 1799

Liebe Caroline und lieber Perthes!
Vielen großen Dank für mich, Mama, Guste, Trinette, Hans, Rebecca, Fritz, Ernst und Franz. Es rüsten sich zwar verschiedene zum Schreiben, weil man aber nicht weiß, wie weit es damit gedeihen werde, so habe ich auf alle Fälle die allgemeine Freude und Jubelei und Auspack-Rumor pp. zu notifizieren wollen und sollen. Alle Präsente werden schon gebraucht, in den Büchern wird gelesen, aus dem Teetopf ist gestern und heute getrunken, die Schnabelei wird schnabeliert usw. Die Dröscher dröschen, die Trompete trompetet, doch ist die letztere auf bestimmte Vorträge eingeschränkt ihrer schneidenden und unangenehmen Stimme halber.

Die Küchenplatten haben vorzüglichen Beifall gefunden, sind aber noch nicht angelegt.

Wenn das Wetter morgen sehr günstig wäre, sind die Demoiselles sehr geneigt, Deine Einladung anzunehmen.

D. M.C.

JEAN PAUL
AN SEINE FRAU KAROLINE

[Meiningen, Weihnachten 1801?]

Nimm, liebes Weib, dieses Kleid, das die Farbe *unsers* Himmels trägt. Weine nicht darüber. Du beschenkst ja nur Dich selber. Ich habe keine *Taten,* Dich zu belohnen; nicht einmal *Worte* hier. Du heiliges treues, nur sich allein nicht liebendes Herz! Ich würde Dir hier mehr sagen aus Seeligkeit, wenn Du nicht zu weich wärest in der Minute, wo Du es liesest!

R.

ACHIM VON ARNIM
AN BETTINA BRENTANO

Weimar, 25. Dezember 1808, morgens.

Die längste Nacht ist nun vorüber,
Das Kriegesfeuer ausgebrannt,
Doch weiße Asche deckt das Land,
Des Kindleins Sterne weinen drüber,
Und dieses Morgenrot ist trüber,
Als jene Nacht von unsrer Schand.
Wer reicht dem Kindlein Brust und Hand?
Die Mutter ringt mit Schreckensfieber.

O Kind, du weinst in harter Krippe,
Wie kommst du in so kalte Zeit?
Der Mutterleib war eine Klippe,
Ein Abgrund ist die Welt so weit;
Gib Milch der Brust, gib Lieb der Lippe,
Sonst schmachtest du zur Ewigkeit.

Diese traurigen Worte hat mir manche traurige Erinnerung, Erzählung hier eingesprochen; sonst bin ich hier froh und rufe mir selber zu: »Vergolde die Nüsse, sie bleiben doch hart, und esse, was süße, und küsse, was zart, und putze das Bäumchen und zünde es an, schlaf goldene Träumchen, du kindischer Mann. Heut träum dich in Eisen und Liebe getaucht, und laß dir was weisen und wie es verraucht, und mach's nur wie alle und sei nur geschickt, tritt *auf* hoch mit Schalle, tritt *ab* tief gebückt.« – Ich bin wirklich hier hoch aufgetreten, morgen fahre ich still zum Tor hinaus; ich möchte aber gern hier bleiben, es gehen mir allerlei Pläne durch den Kopf, es kann ja alles noch werden...

Es ist unendlich viel Gutmütigkeit hier, und von der niederträchtigen literarischen Krittelei und Witzelei, die alles beschmutzt, weil sie nichts kennt, gar keine Spur.

Herzlichen Gruß, ich küsse Dich vielmal.

ERNST MORITZ ARNDT
AN CHARLOTTE VON KATHEN

Greifswald, den 21. Dezember 1810.

Es ist lange, verehrungswürdige Frau, als ich Ihre letzten freundlichen Worte erhielt, und in Leid und Freud, wie des Menschen Leben steht, ist seitdem mancher Tag vergangen. Ich selbst habe ein stilles und heiteres Leben gelebt, aber außer mir – was auch in mir ist – sind auch trübe Stunden und Geschichten gewesen bei Freunden, die ich lieb habe... Einen Landsmann haben wir neulich verloren, einen frommen himmlischen Jüngling, dem das Schicksal nur gegönnt hat anzudeuten, was er in gediegener Mannesfülle hätte sein können: Ich spreche von dem wackeren Maler Runge, der vor einigen Wochen in Hamburg gestorben. Die Zeit, scheint es, will das Beste schnell ausstoßen. Da habe ich denn wenigstens Hoffnung, noch lange zu leben und noch vieles mitzuerleben;

denn in mir fließt auch ein großes Teil der Säfte der irdischen Geister, doch gottlob noch nicht in dem unseligen Gleichgewicht der jetzigen Zeit, wo alle ruhig und eben zu sein scheinen, aber im Grunde die Lebenswaage stillsteht: sie soll wohl fliegen (nicht schwanken) zwischen Himmel und Erde auf und ab, nur gleichstehen in Momenten, daß das hohe Angesicht der Dinge zuweilen heiter vor uns aufgeht...

Nun kommen die fröhlichen Weihnachtstage (ich sollte recht froh sein, denn meine Eltern haben an einem Weihnachtstage sich einst meiner Geburt gefreut), und um mich liegen Säbel, Bogen, Schrittschuhe, Messer und mancherlei wildes und zahmes Vieh, was der heilige Christ alles meinem Buben bringen soll; ich kann nichts Schöneres tun, als Ihnen und den Ihrigen eine lustige, fröhliche Zeit, und uns allen ein Jahr zu wünschen, wo den Guten auch irdisch ein Glanz von Heil und Freiheit aufgeht. Gott segne Sie, Tausend Grüße an alle von Bruder Fritz bis auf Großmutter.

THEODOR KÖRNER
AN DIE SEINEN

Wien, am 14. Dezember 1811

Das erste Mal in meinem Leben soll ich Weihnachten nicht mit Euch feiern. Wie mir das weh tut, denkt Ihr Euch gern, da Ihr wißt, wie sehr ich an allen diesen Familienfesten hänge. Hier kennt man es gar nicht, und wenn man sich beschenkt, so geschieht es zum neuen Jahre. Denkt hübsch an mich bei Eurer Freude, ich will mir die blaue Stube, den Lichterbaum und die Stritzel zum Tee recht lebhaft malen. – Gern hätt ich Euch etwas von meinen Arbeiten geschickt, aber meine guten Abschriften sind beim Theater, und die Concepte kann niemand lesen, das wißt Ihr...

Nun bescher ich Euch in Gedanken recht viel tausend Küsse an alle und die herzlichsten Wünsche obendrein... Legt aber doch ein Stückchen Stritzel hin, es soll mir bis nach Wien gut schmecken.

MARIANNE VON WILLEMER
AN AUGUST VON GOETHE

Lieber August!
Ich danke Dir für die vortreffliche Besorgung meiner Commissionen und wünsche Dir von Herzen zu Deinem und meinem Geburtstage alles Gute und Erfreuliche, welches mein himmlischer Vater in vollem Maße Dir zuteilen möge.

Das Kistchen, was hoffentlich den Montag abend oder Dienstag morgen in Weimar anlangen wird, bitte ich Dich zu öffnen und die bewußten Pantoffeln nebst einem kleinen Bildchen, welches noch beigepackt, Deinem Vater am Christabend bei einigen Lichtern /: denn das Licht ist mein Element :/ in meinem Namen zu bescheren, und zugleich sind die Pfeffernüsse und Brenten für ihn bestimmt, denn ich weiß, daß er sie gerne ißt. Den Schinken und die Würste habe ich für Dich beipacken lassen, auch wünsche ich, daß

Du Dir aus den glasierten Figuren wählst, was sich für Deinen Zustand paßt, das den Pantoffeln beigepackte Christkindchen aber ist Dir dediziert und eine allegorische [Anspielung] auf unsre Kindheit. Du bist nun freilich gewachsen, aber ich bin und bleibe klein, und wenn ich schon die übrige Zeit des Jahres groß bin, so werde ich jedes Christfest wieder zum Kinde. Zu dem kannst Du Dir auch mein Portrait unter dem Kindchen denken, es ist noch immer keins der schlimmsten von den Tausenden, die auf der Erde von mir gemacht wurden, ich bin es schon gewohnt, daß man sich die wunderbarsten Vorstellungen von mir macht. Dir mein wirkliches und wahrhaft ähnliches Bild zu schicken, ist mir nicht vergönnt, und wäre es auch, so hat mich noch niemand getroffen, ja selbst der heilige Lukas hat es ein paarmal vergebens versucht. Es ist schwer, dem Geiste eine irdische Form zu geben, und so umgekehrt, und das war auch von jeher mein Schicksal: dem die Gestalt gelang, der faßte den Geist nicht, und wer jenen ahnete, wußte ihn nicht zu gestalten.

Doch hoffe ich Dir einen Beweis meiner Zuneigung dadurch zu geben, daß ich, da Du doch wahrscheinlich bald eine gute Frau bekommst, meinen Vater bitte, Deinen ersten Sohn mir so ähnlich als möglich zu schaffen. Ich grüße Dich und Deinen Vater.

Den 20. Xber 1816   Das Christkindchen

CLEMENS BRENTANO
AN RUDOLF CLEMENS ROCHS

Dülmen, Januar 1822.

Mein viel lieber Pate!
... Jetzt ist es sehr kalt, viele arme Kinder frieren sehr, arme Leute haben kein Wasser, weil die Brunnen vertrocknet sind und die Teiche gefroren, da können sie die Kühe nicht tränken, da können diese keine Milch geben, da müssen auch wohl Kinder und Eltern noch hungern zu der Kälte. Was ist aber da anzufangen? Wir wollen das Christkind fragen, es sagt: »Was ihr dem ärmsten, geringsten Kinde der Menschen gebt, das habet ihr mir gegeben.«

Sieh, mein lieber Pate, wie gut das Christkind ist, es will selbst nichts; was die Armen kriegen, das kriegt das Christkind. Wenn die Armen frieren, friert das Christkind aus Liebe mit, und wenn die Armen bedeckt und gewärmt sind, ist das Christkind so wohl und warm, daß es uns alles tausendfach wiedergibt. Wer aber nichts zu geben hat, wie alle kleinen Jungen, und wie Du, der muß beten für die Armen, daß Gott seine Engel schickt, welche ihnen Kleider und Holz bringen, und welche machen, daß wieder Wassser genug kommt für die Kühe, daß es wieder Milch gibt und sie was zu essen haben.

Dieses, mein lieber Pate, ist das Neueste und Nötigste, was ich weiß. Gott segne Dich!

Ich danke Dir, daß Du mir ein Kreuz gemacht, ich will es auf meine Schulter nehmen und dem lieben Jesus nachtragen, damit er nicht so allein trägt, er kann es schon schwer machen, wenn es mir gut ist! Adieu –

Dein getreuer Pate   Clemens

HEINRICH HEINE
AN MOSES MOSER

Verdammtes Hamburg d 14 Dez. 1825

Teurer Moser! Lieber gebenedeiter Mensch!
... Da sitz ich nun auf der Abcstraße, müde vom zwecklosen Herumlaufen, fühlen und denken, u draußen Nacht u Nebel u höllischer Spektakel, und groß und klein läuft herum nach den Buden, um Weihnachtsgeschenke einzukaufen. Im Grunde ist es hübsch, daß die Hamburger schon ½ Jahr im voraus dran denken, wie sie sich zu Weihnacht beschenken wollen. Auch Du, lieber Moser, sollst Dich über meine Knickrigkeit nicht beklagen können, u da ich just nicht bei Kasse bin u Dir auch kein ordinäres Spielzeug kaufen will, so will ich Dir etwas ganz Apartes zum Weihnacht schenken, nämlich das Versprechen: daß ich mich vor der Hand noch nicht totschießen will.

Wenn Du wüßtest, was jetzt in mir vorgeht, so würdest Du einsehen, daß dieses Versprechen wirklich ein großes Geschenk ist, und Du würdest nicht lachen, wie Du es jetzt tust, sondern Du würdest so ernsthaft aussehen, wie ich in diesem Augenblicke aussehe...

Lebe wohl, schreib mir bald Antwort, und sei überzeugt, daß ich Dich liebe u sehr verdrießlich bin.

Dein ganzer Freund   H. Heine

FRIEDRICH SCHLEGEL
AN CHRISTINE VON STRANSKY

Wien, den 19ten Dezember 1827.
Nachmittags.

Möchte doch der gütige Gott Dir einige ruhige Tage in dieser nächstbevorstehenden Zeit von Weihnachten verleihen; und dann, wenn dies der Fall ist, wenn dieses mein Gebet erhört wird; so bitte ich dann zum zweiten Dich, laß uns alle diese ganzen Weihnachtstage hindurch bis Neujahr, ja bis Epiphanie recht gesammelt im Geiste und innigst vereinigt im Gebete miteinander sein; denn ich glaube und hoffe, unsre innige Vereinigung der Seelen in Gott ist ganz nahe.

EDUARD MÖRIKE
AN SEINE BRAUT LUISE RAU

Der Liebsten zum Heiligen Christ 1829

Hat Jemand ein liebes feines Mädchen,
Denkt er wohl zu jeder Zeit und Stunde,
Wie er Ihr durch eine hübsche Gabe
Seine Liebe, sein Gedächtnis zeige.

Hat Jemand nun Schätze dieser Erde,
Ist man König, Graf und sonst ein Reicher,
Müssen Gold und Perlen und Juwelen
Einzig schön die Vielgeliebte schmücken;
Ist man aber nur ein schlichter Knabe,
So begnügt man sich, dem süßen Kinde,
Ein bescheiden Kleidchen auszuwählen,
Das den schlanken Leib gefällig zeige.

Auch ein Kistchen wird sie nicht verschmähen,
Dem natürliche Magie verliehen,
Jeden Schatz, den man ihm anvertrauet,

Freundlich und geschwinde zu verdoppeln.
Dann ein Buch, worein das neue Jahr nur
Lauter frohe Tage Dir diktiere,
Aber, daß dabei – dies, Herzchen, bitt ich –
Treue Liebe Dir die Feder führe!

     Abend vor dem Christfest.

Leider, mein geliebtestes Kind, bleibt mir nicht mehr Zeit übrig, als Dir meine innigsten Grüße noch beizufügen und den Wunsch vergnügter Weihnachten für Dich und die Lieben in Grötzingen.
 Der Samstag bringt mir vielleicht Nachricht von Deinen letzten Tagen zu Nürtingen und von dem Befinden meiner guten Mutter. Mögest du die Deinige wohl angetroffen haben. Tausend Grüße!! und mit Fritz, der mir nicht schreibt, sei ich sehr unzufrieden.
Leb wohl, Du meine Seele!
        Dein Getreuer

ERNST MORITZ ARNDT
AN CHARLOTTE PISTORIUS

Bonn den 5. des Christmonds 1831.

Liebste Lotte.

... Es naht die schöne freudenvolle Zeit des heiligen Christfestes, und wir hören die Klänge Fragen und Andeutungen jede Minute jetzt von irgendeinem Munde unsers halben Dutzends, indem einige Schelme, die durch das Wissen schon aus dem Paradiese gejagt sind, sich schon vorwitzige Anspielungen über die Geheimnisse des Weihnachtsabends erlauben, während die jüngsten drei mit weiten Augen und glühenden Wangen noch vollgläubig dahinein staunen. Wolle Gott Dir, liebe Seele, und allem was Dir zunächst lieb und treu ist, ein recht volles und frisches Weihnachtsherz bescheren! und überhaupt einen frischen gesunden Winter, der Euch wieder aufrichtet! ...

Wir sind alle frisch und grüßen Dich sehr; auch Dein Patchen tut es, welches sich eben in gesunder Fülle in seinem Bettchen mit zierlich ausgebreiteten Armen dehnt! Ade! Ade! Alles Gute, Fröhliche und Göttliche!

Dein EMArndt.

GEORG BÜCHNER
AN SEINE FAMILIE

Straßburg im Januar 1833.

Auf Weihnachten ging ich morgens um vier Uhr in die Frühmette ins Münster. Das düstere Gewölbe mit seinen Säulen, die Rose und die farbigen Scheiben und die kniende Menge waren nur halb vom Lampenschein erleuchtet. Der Gesang des unsichtbaren Chores schien über dem Chor und dem Altare zu schweben und den vollen Tönen der gewaltigen Orgel zu antworten.

Ich bin kein Katholik und kümmerte mich wenig um das Schellen und Knien der buntscheckigen Pfaffen; aber der Gesang allein machte mehr Eindruck auf mich als die faden, ewig wiederkehrenden Phrasen unserer meisten Geistlichen, die jahraus, jahrein an jedem Weihnachtstag meist nichts Gescheiteres zu sagen wissen als: der liebe Herrgott sei doch ein gescheiter Mann gewesen, daß er Christus gerade um diese Zeit auf die Welt habe kommen lassen.

NIKOLAUS LENAU
AN SOPHIE LÖWENTHAL

Weihnachten 1836.

(Mit einem Edelmardermuff.)

Schöne Frau! die ich verehre,
Wenn ich ein Naturgeist wäre,
Würd ich heute zur Weihnachtsspende
Für die vielgelobten
Kunst- und fleißerprobten
Blumenschöpferischen Hände
Nicht das Fell des Marders geben;
Nein! zum Schutz vor Frostesqualen
Würde ich aus Frühlingssonnenstrahlen
einen Zaubermuff dir weben.

FRIEDRICH HEBBEL
AN ELISE LENSING

München den 12ten Decbr. 1838.

Ich hatte Deinen Brief, den ich gestern mittag empfing und, weil ich mir etwas Liebes gern bis zum Schluß des Tags aufspare, gestern abend nach dem Teetrinken las, nicht so früh erwartet, um so angenehmer überraschte er mich in meiner so wenig durch Briefe als durch Menschen unterbrochenen Einöde. Meine gegenwärtige Antwort werde ich am 18ten d. M. auf die Post geben, dann trifft sie, wenn ich nach der Zeit, die Deinige gebraucht hat, rechnen darf, gerade am heiligen Abend bei Dir ein, was dir gewiß lieb sein wird. Wie gern, wie außerordentlich gern ich, statt meines Briefs, die Reise machte, kann ich Dir gar nicht sagen. Das Wiedersehen ist doppelt so süß, wenn man sich am Weihnachtsabend wiedersieht; es gibt kaum etwas so Herrliches.

Für mich besonders: Du bist doch bei den Deinigen, bist nicht allein; mir gähnt dieser Abend jetzt wie ein Grab entgegen. Meine Jugendzeit war nur ein langer Winter, ich wußte von Freude nichts, aber von Sorge und Kummer viel; nur die schöne Weihnachtszeit machte eine Ausnahme, dann ging's auch bei uns hoch her, es gab etwas Besseres zu essen, Hader und Zank der Eltern ruhten und mein kindliches Herz taute auf. An den Weihnachten machte daher auch ich Ansprüche und es schmerzt mich, wenn sie unerfüllt blieben; wie köstlich war derjenige, den ich mit Dir verlebte! Nun, es kann diesmal noch nicht sein, und wir wollen uns aufs nächste Mal vertrösten. Vertrösten! welch ein totgebornes, banquerottes Wort. Nein, wir wollen uns diesen Weihnachten dadurch versüßen, daß wir mit aller Innigkeit und Glut des Herzens an den künftigen denken, uns ihn ausmalen, uns in den Glanz versenken, mit dem er es uns (Du weißt, es braucht dazu nur einer Kleinigkeit) übergießen wird. Stelle Dir, wenn Du magst, mein Gesicht so hell und freudig vor, wie Du willst; ich verspreche Dir, Deine kühnste Phantasie noch zu übertreffen. Die Fähigkeit zur Freude habe ich noch nicht verloren, dies werde ich dann zeigen...

Wie immer, liebe Elise, ganz Dein F. Hebbel.

FRITZ REUTER
AN SEINEN VATER

Dömitz, 20. Dezember 1839.

Das Weihnachtsfest steht vor der Tür und klopft mit blaugefrorenen Händen an und bittet um Einlaß; nicht allein jeder, sondern auch jeglicher, ja ich möchte fast sagen jedweder (dies ist wirklich einmal von einem meiner Kommilitonen geschrieben) tritt ihm festlich geschmückt entgegen, reicht ihm die warmen Hände, und jubelnde Herzen schlagen ihm; und wenn es dann empfangen und in die warme, von Wachskerzen und Tannenbaum erleuchtete Stube geführt ist, verteilt es die Gaben, die jeder auf dem Hausaltar niedergelegt hat. Ich empfange es auch wohl freudig; aber doch nicht so, als wenn ich mit Euch einen Reigen schließen könnte und als wenn ich auch etwas auf dem Altare niederlegen könnte; nichts habe ich als Wünsche für Dein und der Schwestern Wohl und die Bitte um Erhaltung Deiner Liebe. Dies wird denn nun wohl das letzte Weihnachten sein, das ich fern von Euch zubringen muß, wenigstens im Kerker.

Heute bin ich ein halbes Jahr hier in D. und so muß der Oberstleutnant jetzt einen Bericht über mein Betragen an die preußische Regierung einsenden; daß dieser ein sehr guter sein wird, leidet keinen Zweifel, und wenn meine Freilassung von demselben abhängt, so könnt Ihr mich spätestens binnen 2 Monaten bei Euch sehen... Wir haben heute eine rasende Kälte, und da kein Schnee liegt, denke ich mit Zagen an Deine Kardenpflanzungen. Ich wünsche, daß Du das neue Jahr froh und gesund antreten mögest. Gedenke Deines Sohnes.

BETTINA VON ARNIM
AN IHRE SCHWESTER KUNIGUNDE VON SAVIGNY

Liebe Gunda!
Das kannst Du denken, daß Deine Kiste mit großer Gewissenhaftigkeit uneröffnet blieb bis zum Augenblick der Bescherung. Jede genießbare Delikateß wurde mit lautem Jubel empfangen, wir wollten recht ein festlich Mahl halten und machten den Beding, daß gar nichts solle verspart werden. Wie kam's nun, daß wir mit einmal allesamt darauf vergaßen

und keiner mehr Appetit darauf hatte, sondern in dem plötzlich alle Grenzen übersteigenden Jubel sich einer um den andren drehte, Prügel austeilte, die ebenso begeistert empfangen als gegeben wurden? Luftsprünge, die nur mit größter Energie auszuführen, gelangen allen drei Mädchen, als hätten sie lernen auf dem Seil zu tanzen, und Friedmund mischte sich dazwischen mit kühnen Fechterpositionen, indem er seine Oberkleider von sich warf und mit beiden Armen weit ausgriff; sang dazu: »Seid umschlungen, Millionen!« Dazwischen tanzten sie wieder, schrien, jauchzten, tobten, daß die Wände zitterten, umarmten sich und prügelten wieder drauf los. Ich hab auch eine Menge Prügel erhalten, und endlich freuten sie sich noch mehr, daß jeder seine Prügel fühle. Gisel behauptete, sie müsse braun und blau sein, die andern ließen sich aber auch ihre Prügel nicht verringern, kurz jeder war zufrieden mit dem, was er erhalten habe; jeder war überzeugt, er habe das meiste von dieser allgemeinen Prügelausteilung. Kann eine Bescherung glücklicher vonstatten gehen? Ja, sie riefen: Nie haben wir ein so schönes Weihnachtsfest erlebt! Ausgeteilt wurde alles von Kuchen an das Hofgesinde; denn wir hatten keinen Appetit mehr, aller Geschmack war uns vergangen, aber Klopfen, Jauchzen, auf den Tisch pauken nahm kein Ende...

>   Deine in der Empfindung ihres Glückes
>   Dich doppelt liebende Schwester
>   Bettine.

Am Weihnachtsfest 1846
Ich grüße Euch alle herzlich.

JOSEPH VICTOR VON SCHEFFEL
AN SEINE MUTTER

Säckingen, 17. Dezember 1850

Meine liebe Mutter.
's wird sich nicht tun lassen, daß ich an Weihnachten zu Euch hinabfahre, so gern ich's täte. Ich muß am Schluß des Jahres alle Spitzbuben, schlechten Kerls und sonstige Biedermänner, die wir seit letztem Neujahr zu beherbergen die Ehre hatten, zusammenschreiben, und da deren Zahl Legion ist, werd ich nicht flügg. Brächte auch nicht die rechte Stimmung entweder zu Euch an den Weihnachtsbaum oder aber, wenn ich recht kindheitsfroh bei Euch gewesen, zu meinen Spitzbubenregistern zurück, und so müßt Ihr Euch trösten, daß Ihr im nächsten Jahr den ganzen Joseph wieder bekommt und mit ihm anfangen könnt, was Ihr wollt.

Leid ist mir's aber, daß ich nicht einmal eine

Spur von mir an den Weihnachtsbaum schikken kann. Hab Euch ein Blatt aus dem Wehratal anfertigen wollen, aber bei Nacht läßt sich nicht zeichnen, und da wird's nicht fertig. Kann somit nur einen Bündel herzlicher Grüße an Euch schicken, häng sie an den Weihnachtsbaum auf und serviere sie mariniert oder gebraten beim Abendschmaus, ganz nach Belieben, und revanchiere Dich dadurch, daß Du mir auch nichts schickst.

Und doch bringe ich zwei Wünsche vor. Erstens bin ich nämlich neulich bei meinen Freunden, den Wäldern, gewesen. Und wie ich über den Kirchhof zu Hänner gehe, so fallen mir zwei Grabsteine auf mit kräftig und sicher ausgeführten Figuren, die von offenbar großer künstlerischer Hand gehauen sind. Erfahr auch, daß ein sinniges Gemüt von Hänner solche lediglich als Autodidakt, um das Andenken seiner verstorbenen Eltern zu ehren, angefertigt, besuche diesen und find ihn in seiner Werkstatt, wo er grad wieder zur Rekreation ein groß Madonnenbild aus Holz geschnitzt hatte. Seine Vorliebe sind lediglich die Bilderbögen, wie sie auf den Jahrmärkten verkauft werden. Er will von der Welt sonst nichts wissen, ist auch einmal in München gewesen, will aber kein Künstler werden, sintemal es ihm in Hänner wohl genug ist. Aber wenn er bessere Vorbilder hätte, so könnt er in seinen Mußestunden noch hie und da was Hübsches zur Erbauung frommer Seelen schnitzen. Und deswegen sei so gut und schick mir ein paar Kupferstiche nach Overbeck, Steinle oder Veit, nur religiöse Gegenstände. Ich meine, Karl hat einmal von Berckmüller ein Dutzend bekommen, worunter passende sind, sie dürfen so klein sein, als sie wollen, oder treib sonst ein paar auf (natürlich nichts Kostbares, denn bloße Umrisse genügen meinem Mann), damit wird diesem biedern Giotto von Hänner ein Weihnachtsvergnügen zu bereiten sein.

Sodann schick mir was Unbedeutendes für meine zwei Maidli von Grass. Sie sind 14 und 15 Jahre alt, eine geht auch schon zum Tanzen, freilich stark à l'enfant. Ich möchte ihnen nämlich deshalb meine Teilnahme zeigen, weil ihr Vater zur Zeit im Gefängnis sitzt wegen zweckwidrigen politischen Treibens, damit sie nicht glauben, ich hätte die Erwiderung auf den seidenen Geldbeutel deswegen ganz vergessen.

Für mich selber hab ich keinen Wunsch als eine Kleinigkeit, nämlich die Reise nach Welschland. Davon wird übrigens später die Rede sein...

Für heut weiß ich nichts mehr. Hie und da komm ich mir schrecklich einsam vor. Mein Salon, Amtsstube und Wirtshaus sind die drei Punkte, um die sich mein Leben bewegt.

Ich grüße Euch alle der Reihe nach. »Der liebe Gott halte es gut mit Euch und wickle Euch in gute Tage und viel Zuckerbrot ein«, sagt der alte Hebel. Und wenn das Glöcklein zum Eintreten in die Bescherstube klingt, so denk, daß ich auch mit eintrete und am Flimmern der Weihnachtskerzen meine Freude habe wie dereinstmals.

Leb wohl   Dein Joseph.

THEODOR FONTANE
AN FRIEDRICH WITTE

Berlin, d. 3. Januar 1851.

... Die Festtage über laborierten wir beide, Emilie und ich, an der Grippe. Der Weihnachtsabend war gemütlich, aber doch – dürftig; keiner hatte Geld, um dem andern mehr als ein Paar Handschuh und dergleichen zu schenken. Ich mußte daran denken, daß an *demselben* Abend meine Gedichte in wenigstens fünfzig bis hundert Prachtexemplaren auf verschiedenen Festtischen prangten; und doch, unter dem Weihnachtsbaum des Verfassers sah es derweil ärmlich genug aus. Zum Glück stört mich so was wenig. Ich weiß, daß das Leben sein bißchen Honig woanders saugt – und nur die Aussicht auf direkte Hungerleiderei verdirbt mir in den letzten Tagen meine sonst gute Laune. Adieu, mein lieber Witte, und *immer Kopf oben* wie ihr alter Freund

Th. Fontane.

THEODOR STORM
AN HARTMUTH BRINKMANN
UND DESSEN BRAUT

Am Weihnachtssonntag 1851.

Ich bin in diesen Tagen ein rechtes Weihnachtskind gewesen; darum wollt Ihr, lieben Freunde, Euch auch nicht wundern, wenn dieser Brief zum Teil von einem Kinde geschrieben wird. Ich sitze hier in unserm Saal, der das Wohnzimmer für die Festtage ist, und vor mir steht der Weihnachtsbaum – und welch einer! Die schönste Tanne meines Gartens, mit der Spitze fast an die Decke reichend, mit den unteren dicklaubigen Zweigen die Bütte (aus der Setzerschen Haushaltung durch Detlef entlehnt) überhängend. Zuckerzeug von Meier aus Altona, Schleswig-Holstein. Dragoner, Trommelschläger, Frösche in natürlicher Größe, Eisele und Beisele, Affen und gelbe Wurzeln usw. usw., kleine nackte Wachskinder, die jedes Mädchenherz entzükken müssen, schweben auf den Tannenspitzen, unzählige Glaskugeln, goldene Eier, goldene Walnüsse und Pflaumen, denen ich die Arbeit dreier Feierabende widmete, während Propst Feddersen uns Arnims Appelmänner vorlas, Rosinengirlanden, Rauschgoldstreifen, buntgefüllte weiße Netze, über deren richtige Konstruktion eine ganze Ratsversammlung gehalten wurde; und auf diesen wunderschönen Baum hatten wir außer der Hohlen Gasse den alten Propsten Feddersen (Käte ist bei uns auf Besuch), den würdigen kleinen Doktor und Detlef eingeladen, der im schönsten Staat anhero erschien; unsre alte Großmutter, die ein paar schlagartige Zufälle gehabt hat, war doch auch wieder soweit, um in der Kutsche erscheinen zu können. Nachdem fünf Personen sechs Stunden damit zugebracht hatten, nur um die Sachen in diesem ungeheuren Baum zu befestigen, wurden denn gestern abend um 5 Uhr 60 Wachslichter angezündet, und ich konnte mir mit aufrichtiger Befriedigung sagen: Ein solcher Weihnachtsbaum brennt vielleicht heut abend in ganz Schleswig-Holstein nicht mehr. (»Germania, das große Kind, erfreut sich wieder seiner Weihnachtsbäume.«) Übrigens war ich doch eigentlich nicht hochmütig auf meinen Baum, die letzte Phrase ist mir heute so nachträglich aufs Papier gekommen. Ein eignes Gefühl war es aber, daß der Baum noch lebendig ist und nach Neujahr wieder in die Erde soll... Was wird der den Vögeln zu erzählen haben! Hans, der bis der ersehnte Ruf erscholl, wie eine Stahlfeder, sooft die Tür aufging, gar nicht in der Vorstube zu halten war, wurde denn so mit Spielzeug von allen Seiten überhäuft, daß er eigentlich zu keinem einzelnen ein rechtes Interesse fassen konnte, er bekam zwanzig verschiedene, zum Teil größere Sachen, darunter vier Bilderbücher, und in der Tat die Creme vom diesjährigen Kinderbilderbüchermarkt: Glasbrenners Marzipan, Bürkners Fibel, Deutsches Weihnachtsbuch von Heger und ein älteres, Speckters Fabeln. Der kleine Ernst hatte an allem die unaussprechlichste Freude, er saß auf der Diele und trommelte auf seiner kleinen Trommel, und dann hielt er

wieder still und brach in lauten Triumph und
Bewunderung aus und rief Papa oder Mama
oder sonst einen entzückenden Laut aus seiner
kleinen Kinderkehle. Der Baum mit seinen
Lichtern machte die Luft in dem großen Saal
fast glühend, so daß wir die Saaltüren öffnen
mußten. Die alte Großmutter saß ganz selig
im Sofa bei diesem Kinderschein, sie wünschte
uns, daß wir noch viele so schöne Abende
verleben möchten; aber es sei wohl ihr letzter,
sie habe sich so darauf gefreut, noch einmal das
Fest mit uns zu erleben, daß sie in den letzten
Tagen jede Stunde bis zu diesem Abend gezählt habe. Nachdem der Baum etwa anderthalb Stunden gebrannt hatte, wurden die Lichter ausgetan, wogegen Hans freilich aufs energischste protestierte, und nun gab es in dem
ganz verfinsterten Saal Schattenspiel an der
Wand und Transparentkasten. Nach sieben
Uhr fuhr dann die Hohle Gasse nach Haus,
und die Kinder wurden zu Bett gebracht; der
Rest der Gesellschaft besah nun die Bilderbücher, die 24 ersten Münchner Bilderbogen und
die Schiefertafelbilder, die ich für Weihnachts-

abend angeschafft hatte. Wir saßen in der angenehmsten Wolke von Tannenbaum- und Weihnachtskuchenduft, dann kam noch das unerläßliche Festgericht, Fische und Futjen (so schreib ich diese Lieben); und dann war die Polizeistunde und die vollständige Müdigkeit da. Für ein kleines Mädchen unsrer Waschfrau hatten wir auch einen Weihnachtsteller ausgerichtet; die war auch unser Gast, und wahrscheinlich der seligste. – Das war unser Weihnachten.

OTTILIE WILDERMUTH
AN JUSTINUS KERNER

Den 27. Dezember 1854

Lieber, verehrter Freund!
Endlich will ich einmal wieder probieren, ob ich erstens noch eine Feder halten kann, und zweitens, ob es auch auf der Welt noch eine ruhige Viertelstunde für mich gibt; wäre kein Wunder, wenn ich in den letzten Wochen selbst zu einer Puppe oder zu einem Lebkuchen geworden wäre. Soweit wären wir nun glücklich am Ziel – die Lebkuchen sind nicht verlaufen, die Springerle sind aufgegangen und haben Füßlein gekriegt, was bekanntlich der Triumph der Kunst ist, die Docken sind prachtsmäßig und ein kleines Theater, das ich mit meinem Rudolf für Agnes verfertigt, ist eine Quelle großer Freude. Das junge Volk treibt sich glückselig um in der Herrlichkeit, aber einmal soll ich der Adelheit ihre Docke

anziehen, dann soll ich ein neues Stück aufführen, dann bricht mein kleiner Bube in seinen ersten Hosen als wahrer Attila verheerend und zerstörend in Küche und Dockenstube ein – kurz, von Ruhe ist für mich keine Rede, und an diesem Anfang vom Brief fange ich jetzt zum viertenmal an. Wenn Ihr nur wenigstens wegen Deiner armen Emma mit einiger Ruhe die Festzeit begehen könntet! Nach schweren Erfahrungen, wie Ihr sie gemacht, fürchtet man so leicht das Schlimmste. Auch mein Mann klagt wieder gar viel an seinen Augen – und schont sie nicht; das liegt wie eine Wolke über uns allen...

Und nun Gute Nacht lieber, teurer Freund. Gott helfe Dir im Frieden aus dem Alten Jahr ins Neue; schwereres kann Dir das neue nimmer bringen, Deine Sonne ist untergegangen, so bringe es Sterne in Deine Nacht. –

> Wie zieht der still und ohne Sorgen
> Der seinen Schatz geborgen weiß.

Ich schreibe Dir bald wieder und grüße indes Dich und die Deinen in treuer Liebe.

Deine Ottilie

THEODOR STORM
AN SEINE ELTERN

Heiligenstadt, 20. Dezember 1856.

Es wird Weihnachten! Mein ganzes Haus riecht schon nach braunem Kuchen – versteht sich nach Mutters Rezept –, und ich sitze sozusagen schon seit einer Woche im Scheine des Tannenbaums. Ja, wie ich den Nagel meines Daumens besehe, so ist auch der schon halbwegs vergoldet. Denn ich arbeite jetzt abends nur in Schaumgold, Knittergold und bunten Bonbonpapieren; und während ich Netze schneide und Tannen- und Fichtenäpfel vergolde, und die Frauen, d. h. meine Frau und Röschen, Lisbeth's Puppe ausputzen, liest Onkel Otto uns die »Klausenburg« von Tieck vor oder gibt hin und wieder eine Probe aus den Bilderbüchern, die Hans und Ernst auf den Teller gelegt werden sollen. Gestern abend habe ich sogar Mandeln und Citronat für die

Weihnachtskuchen schneiden helfen, auch Kardamom dazu gestoßen und Hirschhornsalz. Den Vormittag war ich stundenlang auf den Bergen in den Wäldern herumgeklettert, um die Tannenäpfel zu suchen. Ja, Ihr hättet mich sogar in meinem dicken Winter-Sürtout hoch oben in einer Tannenspitze sehen können. Freilich hatte ich mich vorher gehörig umgesehen; denn der Herr Kreisrichter durfte sich doch nicht auf ganz offenbaren Waldfrevel ertappen lassen.

Jeden Morgen, die letzten Tage, kommt der Postbote und bringt ein Päckchen oder einen Brief aus der Heimat oder aus der Fremde von Freunden. Die Weihnachtszeit ist doch noch grade so schön, wie sie in meinen Kinderjahren war.

Wenn nur noch der Schnee kommen wollte; wir wohnen hier so schön einsam zwischen den Bergen, da müßte der Weihnachtsbaum, wenn er erst brennt, prächtig in die Winterlandschaft hinausleuchten...

24. Dezember Nachmittag

Den Weihnachtsbaum, der auf der Diele steht und genau bis an die Decke reicht, habe ich bis auf das letzte Fädchen ganz allein hergestellt, außerdem eine schöne Tannenverzierung über dem Sofa, vor welchem nach alter Weise der Teetisch mit den braunen Kuchen steht... Die Frauen, da sie nichts dabei getan, haben mir in die Herrlichkeit gar nicht hinein dürfen. Die Teller mit Äpfeln, Nüssen und Kuchen und sehr leckerem, selbst gebackenem Marzipan, die sie für jeden, auch für sich und mich aufgebaut haben, sind ihnen vor der Tür abgenommen. Constanze ist so vergnügt, wie ich sie am Weihnachtsabend fast noch nicht gesehen habe und auch mir ist friedlich und still zu Mute. Draußen liegt eine wunderschöne Schneelandschaft – es ist äußerst anmutig hier auf dem stillen Weihnachtskämmerchen.

Jetzt, liebe Mutter, wünsche ich Euch herzlich vergnügte Weihnachten.

Euer Theodor.

THEODOR FONTANE
AN DIE SEINEN

London, d. 22. Dezember 1856.
92, Guilford Street.

Meine liebe Mutter,
Meine liebe Frau,
Mein lieber George.
Da seid Ihr in drei Generationen, von denen ich zunächst wünsche, daß sie noch eine Weile nebeneinander fortbestehen mögen.

Viel zu schreiben hab ich nicht, aber den Wunsch will ich aussprechen, daß Ihr beim brennenden Baum alles dessen dankbar gedenken mögt, was Ihr habt und nicht grübeln und murren mögt über das, was fehlt. Trennung ist schlimm, aber es ist lange nicht das Schlimmste. Seien wir alle dankbar dafür, daß die Wolke, die über uns stand, vorbeigezogen ist, ohne mehr als einen tüchtigen Schreckschuß abgedonnert zu haben. Das ist zunächst die

Hauptsache. – Liebevolle Hände und ein brennender Baum werden auch diesmal nicht fehlen. Daß ich nicht da bin, müßt Ihr leicht nehmen; ich fehle, um dafür in Zukunft nicht zu fehlen. Wer ein Ziel will, darf den Weg nicht scheuen, er sei glatt oder rauh. Dessen gedenkt alle und seid froh. Unter tausend Küssen Euer

Theodor.

FRITZ REUTER
AN LUDWIG REINHARD

Eisenach, 22. Dezember 1863.

Lurwig! Sös Spickgäus', drei Mettwürst un drei Ossentungen, vier Bratwüst, fiwuntwintig Pund Hambörger Rokfleisch un denn noch all dat Anner; denn noch so velen Kauken, dat Du dormit äwer den Bolzer Meßhof en drögen Stig leggen kannst; einen groten Pumpernickel, 'ne Kist mit Grabowschen Win un mit Mulderjahn, un so velen Branntwin, dat en Hund dorin swemmen kann, – is Di dat viellicht nich gaud genaug? – Kümmst Du den Dunnersdag mit den irsten Tog nich, – denn – denn kümmst Du mit den tweiten; äwer kümmst Du mit den tweiten nich, denn möt ick Di schieremang för Rothschilden sine Fru Gemahlin erklären, de sick vör sinen nigen Pahleh up den Balkan set'te, un tau de hei dunn säd: »Blümche, du verdirbst mir die ganze

Fassade!« – Lurwig, Du weitst, mit Kleinigkeiten kann man Kinner en grot Vergnäugen maken, un ick betracht Di noch ümmer as Lewerenzen sin Kind, wat grad' so as Du en beten lang geraden was; Du sallst för ditmal min Kindjes un Semmelpopp sin, de mi tau Wihnacht schenkt ward. – Hinstörp, »der Menschenfreund«, betahlt allens; »mein Liebchen, was willst du noch mehr?« – Also up jeden Fall den Dunnersdag! Walesrode kümmt des Nahmiddags Klock drei.

Lurwig, ich grüße Dich! Meine Frau grüßt Dich, und meine Lisette (französische und englische Erzieherin bei uns, die diesen Brief zur Post bringt) empfiehlt sich dir bestens.

FRIEDRICH NIETZSCHE
AN MUTTER UND SCHWESTER

Bonn, vor Weihnachten 1864.

Meine liebe Mama und liebe Lisbeth.

Mein Wunsch ist, daß Ihr das kleine Paketchen erst am Weihnachtsabend aufschnürt, damit Ihr doch eine kleine Überraschung habt, vielleicht auch nur eine Enttäuschung. Meine Bitte ist: nehmt fürlieb, ich gebe Euch von dem Besten, was ich vermag, aber das ist nicht viel. Ihr werdet meine Mühe und meinen Fleiß daran erkennen; immer dachte ich dabei an Euch, und wünschte den Moment bei Euch zu sein, wo Ihr Euch vielleicht darüber freut.

»Und solche liebliche Gedanken laben,
Die Arbeit selbst; ich bin am müßigsten,
Wenn ich sie tue«

so heißt es in Shakespeares Sturm und so heißt es auch bei mir; müßige Arbeit und arbeitsvolle Muße!

Was sollte ich Euch auch geben, wenn nicht etwas Eigenes, etwas, worin Ihr mich im Bilde wieder seht. Darum habe ich auch noch den Schattenriß meines jetzigen Äußern vorankleben lassen, damit Ihr meine Gabe gern in die Hand nehmt und vielleicht auch oft.

Ihr merkt es schon, daß ich mit einer gewissen Eitelkeit von meinem Werkchen spreche und es hat doch seinen ganzen Zweck verfehlt, wenn es Euch nicht gefallen sollte. Wenn Ihr nur einen Christbaum mit Lichtern habt! Denn es muß sich hübsch ausnehmen im Lichterglanz. Ich werde an dem Christabende natürlich lebhaft an Euch denken und Ihr jedenfalls auch an mich. Es ist zwar recht gemütlich in meiner Wohnung, und ich will auch jenen Abend sehr angenehm verleben. Auch wir werden uns auf der Kneipe einen Lichterbaum anzünden, auch wir werden uns gegenseitig kleine Geschenke machen. Aber freilich, das ist nur eine matte Nachahmung einer heimatlichen Gewöhnung, an der eben die Hauptsache, die Familie, der Kreis der Verwandten fehlt...

Wißt Ihr noch, wie gemütlich wir zusammen das vorige Weihnachten in Gorenzen verlebt haben! Sagte ich nicht damals, daß wir über ein Jahr wahrscheinlich nicht beisammen sein würden? Das ist nun eingetroffen. Es war schön in Gorenzen: das Haus und das Dorf im Schneefall, die Abendkirchen, die Melodienfülle in meinem Kopf, der Onkel Oskar, das Bisamfell, die Hochzeit und ich im Schlafrock, die Kälte und vieles Lustige und Ernste. Alles zusammen gibt eine angenehme Stimmung. Wenn ich meine »Sylvesternacht« spiele, höre ich diese Stimmung aus den Tönen heraus...

Nun lebt für heute recht wohl, genießt das schöne Fest und denkt meiner immer und besonders am Festabende gern und oft!...

Adieu!
Euer Friedrich Wilhelm Nietzsche
im Dezember 1864

FRANZ GRILLPARZER
AN AUGUSTE VON LITTROW-BISCHOFF

Wien, am 25. Dezember 1866.

Hochverehrte gnädige Frau!
Ich saß trübsinnig und einsam in meinem Lehnstuhl – es hatten mir zwar meine Hausfräulein einen armseligen Weihnachtsbaum in einem Gartengeschirr mit etwas Zuckerwerk behangen, bereits gespendet, der freilich durch Liebe und Herzlichkeit unschätzbar wurde – aber das war vorbei und ich saß wieder, mir die trüben Gedanken durch Gedankenlosigkeit vertreibend. Da wird ein Riesenbaum gebracht, behangen mit allen Gütern der Welt. Und von wem? Sollte es die Austria sein, deren Bild wir täglich auf den Banknoten und Bankozetteln verehren? Oder der Ministerpräsident, der eingesehen hat, daß man von Titeln und Orden nicht fett wird? Ich erblicke einen Brief, erbreche ihn. Sie sinds.

Nicht als ob ich nicht so unzählige Beweise Ihrer Teilnahme empfangen hätte, aber daß an dem Tage, der der *häuslichen* Freude gewidmet ist, Sie sich meiner erinnert hatten, das überraschte mich. Haben Sie von allen Österreichern allein [ein so] langes Gedächtnis, daß Sie sich der Zeit erinnern, wo ich noch etwas wert war, oder ist es ein so unbezähmbarer Hang zum Wohltun und Beglücken, daß Sie geben und geben, ohne zu fragen wem?

So der Baum, nun erst die Früchte! Zuckerwerk, Äpfel, mir keine Unbekannten, Teebrot, wie es Goethe zu essen pflegte, der mitunter etwas Schlechtes schrieb, aber nie etwas Schlechtes aß. Die Photographie der Wolter, mir höchst schätzbar, da ich sie nie mit Augen gesehen habe. Ein Kalender unentbehrlich, um den Tag zu wissen, an dem man seine Pension behebt, und mir das schätzbarste an der Astronomie, die ich sonst nicht leiden kann, da sie die artigen Sterne, ja Sonne und Mond zu so unermeßlichen Maßen anschwellt, daß mir Sehen und Hören vergeht.

Nun sogar ein Fasan! der nachdem er aus

seinem poetischen Waldleben durch Pulver und Blei in den prosaischen Tod versetzt worden ist, durch Kochen und Braten wieder in idealischen Zustand versetzt werden kann; kein verächtliches Bild für unser Schicksal nach dem Tode.

Wie soll ich alles nennen? Wem soll ich allen danken? Ihnen, Ihren vortrefflichen Töchtern, Ihrem Gemahl, der den Kalender gemacht hat und um meinetwillen einen Fasan weniger zu essen bekommt. Allen! und Gott vergelts.

ergebenst   Grillparzer.

DETLEV VON LILIENCRON
AN ERNST FREIHERR VON SECKENDORFF

Kiel, 20sten Dezember 69 Abends.

... Mir geht es gut: Ich lebe, nach wie vor, häuslich bei meinen Eltern: lese viel vor, ärgere zuweilen unsre alte gute Gesellschafterin, die nämlich eine sehr starke Schleswig-Holsteinerin resp. »Herzogliche« ist, mit meinen preußischen Ansichten und Anschauungen. Den Weihnachtabend werden wir bei einer (mir persönlich höchst fatalen) Tante verleben; aber es ist dort ein Baum, ein großer sogar, und ich will den lieben Gott bitten, mir noch einmal recht kindliche Gefühle und Gedanken zu geben am Weihnachtabend. Vorher findet dann, wie immer, eine Bescherung von armen Kindern im elterlichen Hause statt; dazu alte Hosen und Jacken und Zeug von uns Dreien oder Vieren.

Am ersten Weihnachtstage bin ich dann

(leider) wieder bei jener Tante (sie hat eine etwas rötliche Nase u. soll zum Frühstück immer Madeira trinken; wie Du nun beides zusammenbringen willst, will ich Dir überlassen) – aber damit ich ihr auch nicht gar zu viel Unrecht tue, so will ich Dir sagen, daß sie sehr viel für die Armen tut, in allen möglichen Vereinen ist, für die Kunst auch manchen Schilling gibt (hier aber bloß, um ihren Namen auf den Listen zu sehen; Du weißt, ich bin etwas mißtrauisch) – und sehr reich ist, auch Diners und gute »thés« gibt, die ich seit jeher in Erinnerung habe.

Am 2ten Weihnachtstage würdest Du dann »Frl. Henriette«, unsere Gesellschafterin, in fliegender Hast sehen: Wir selbst geben (ich glaube, das einzige Diner im Jahre) ein kleines Essen. Dann sehe ich manche, die sonst das ganze Jahr nicht kommen, und es heißt dann: Du Gute, Du Liebe, usw. Mein armes krankes Mütterlein tut ihr Möglichstes, um ihre Schmerzen zu verbergen – doch satis superque...

Verlebe eine fröhliche Weihnacht; und wenn

Du diesen Brief vor Heiligabend erhältst, so sieh am Heiligabend den Abendstern an u. trage ihm einen eiligen Gruß an mich auf, wie ich es auch tun werde...

                Dein treueigener Liliencron.

PETER ROSEGGER
AN EMIL BRUNLECHNER

Graz, 25. Dez. 1874.

Mein lieber Gustl!
Vergelts Gott Deinem Weibchen die Weihnachtsgabe! Wir haben sie heute morgen, als niemand von uns, außer der Peperl, schon wach war, durch einen Separatboten von der Post erhalten. Es war eine liebe, liebe Christtagüberraschung. Vorläufig spielen wir Großen uns noch mit den possierlichen Dingen, obwohl sie uns der Kleine schon immer aus der Hand winden will. Die Auslage – um praktisch zu reden – hättet Ihr vermeiden können, aber – eine große Freude habt Ihr uns doch gemacht, u. wir danken Euch herzlich.

Wie ist denn bei Euch der Christbaum gewesen? Hat das Kindlein recht lieb drein geguckt? Anna läßt Euch bitten, uns von Tinchen das Maß zu schicken, damit wir wissen, wie groß es schon ist. Ich möchte das liebe Kind herzlich gern wieder einmal sehen. Wundert u. erschreckt Euch nicht, wenn ich plötzlich wieder einmal in Euer Haus trete.

Für mich war der gestrige Abend eine glückselige Zeit. Ein doppeltes Kind – ein kleines, zappelndes, jauchzendes u. ein erwachsenes, träumendes, sinnendes – stand ich vor dem Weihnachtsbäumchen, das uns in seinen 24 Lichtlein still entgegenglühte. Vor dem Christbaum wird man sich erst der Vaterfreuden bewußt; ja, diese Freuden werden hier zu einer plastischen, leuchtenden Gestalt, haben eine sichtbare Wesenheit angenommen vor unserem erstaunten, berauschten Auge. Dieser Empfindung hat meine Anna Worte geliehen, indem sie vor dem Christbaum stehend sagte: ihr sei, als brenne ihr Herz auf dem Tisch. – Auch die Großeltern waren bei uns u. nach dem Christbaum haben wir ein kleines Mahl gehabt, bei dem es heiter zuging. Um 12 Uhr in der Nacht trieb es mich in die Kirche, um die alten Weisen meiner Kindheit wieder zu hören; aber nirgends führten sie die Messe auf, die, wie Du von Leoben aus weißt, ich so gerne höre; betrübt kehrte ich heim – ungehalten über mich selbst, der ich eben vorhin erst selig war bei Weib u. Kind, und nun auch noch meine eigene Kindheit wieder zurück haben wollte. –

Hast Du, lieber Gustl, nicht Aussicht, demnächst wieder einmal nach Graz zu kommen?

In Worten Euch ein glückliches Neujahr zu wünschen kann ich unterlassen. Ihr wißt es, wie wirs Euch meinen. Bleibt unser in Freundschaft, und lehrt auch Euerem lieben Kinde, das Gott schütze! uns ein wenig lieb zu haben.

Es küßt Euch P. K. Rosegger

WILHELM RAABE
AN JENSENS

                              23 Dezember 1877

Liebste Freunde!
Diese zwei Porzellan-Gegenstände fehlten uns grade noch. Ich habe schon wochenlang in meinen Träumen Angst davor gehabt. Wehe Euerm Angedenken, wenn nach 100 Jahren unser Glasschrank einem meiner Urenkel auf den Kopf fällt! – – – Hier sitze ich, denke diese Kinder und Enkel und –
      schüttle das Haupt.
Vergnügte Feiertage! In Braunschweig regnet's, schneit's und eiset's glatt.

Euer getreuer   WR.

PETER ALTENBERG
AN EIN KLEINES MÄDCHEN,
GENANNT »PETER«

30. Dezember 1881.

Lieber Peter!
Ich hatte heute abend ein glückliches Gesicht und ein feuchtes Auge: Mein liebes Mäderl, ich danke Dir für Deinen lieben Brief und Dein schönes Geschenk. Dein Brief hat die Tagzahl 21./12., und Brief und Mappe kommen aus Graz; neun Tage lagen die liebenswürdigen Sachen herrenlos herum im traurigen Graz, vielleicht auf der Post, vielleicht in meinem verlassenen Zimmer.

Ich aber war in den Bergen und saß damals mit den Holzknechten um einen kleinen Ofen, welcher fürchterlich rauchte, in einer Stube im Thalhof in Reichenau. Die Stube war warm und dunstig, das Christkindl machte keine langen Geschichten, ließ einige gestrickte Leibeln, wollene Socken und Nußbeugel herunterfallen und entschwand. – Ich saß da unter diesen guten, unschuldigen, ruhigen Menschen. Eine Zeitlang schauten sie in die Glut, hatten alle rote Gesichter und nachdenkliche Mienen; später rafften sie sich auf und verzehrten eine große Menge Sterz in Milch aus einem gemeinschaftlichen Lavoir; um 9 Uhr, als man annehmen mochte, die Verdauung sei schon gewissermaßen vorgeschritten, knieten alle nieder und beteten drei Rosenkränze. Die Sache ging eintönig und würdevoll vor sich. Ich zählte unterdessen die Sterzbrocken, welche die Herren im Lavoir übrig gelassen hatten. Als ich diesen Teil der Statistik beendet hatte, hörte ich gerade zum dreihundertsten Male: »Heilige Maria, bitt' für uns!« und schlief ruhig ein.

Ich erwachte, als sich die Herren aus ihrer demütigen Stellung erhoben und sich die Knie rieben. Dann sprachen einige die Vermutung aus, daß es noch ein wenig zu kalt sei in der Stube und fachten ein beträchtliches Feuer an. Es ist ohne Zweifel, daß ich noch an keinem Weihnachtsabend so viel geschwitzt habe.

Einige der Herren nahmen wieder ihre nachdenklichen Mienen und feuerscheinigen Gesichter an, und andere spielten Karten. Ein Herr mit einem Stück überflüssigen Halses sagte zu jeder Karte, welche er ausspielte: »Marsch, du bist unnötig!«, dann drehte er sich jedesmal nach mir um, und obzwar ich durchaus nicht in der Lage war, die Sache zu beurteilen, erwiderte ich mit einiger Reserve, daß das Ding nicht ganz ohne wäre, und empfahl mich schließlich, als ich merkte, daß die Feier ihren Höhepunkt erreicht hatte und eine beträchtliche Anzahl Herren auf dem Fußboden mit nachdenklichen Mienen schlief.

Der schneeige Hof war still und leer und roch nach Tannenzapfen. Ich öffnete meine Jalousien und sah die schwarze Masse des Waldes und den weißen Schnee. Ich dachte an Kinderjubel und den Duft herabgebrannter Wachskerzen; dann sagte ich zu mir: »Marsch, du bist unnötig!«, und legte mich schlafen. – Da hast Du meinen Weihnachtsabend! – Und Du, mein lieber Peter, warst Du heiter und lächelnd? – Aber in Deinem Alter?! . . .

THEODOR STORM
AN GOTTFRIED KELLER

Hademarschen-Hanerau, 22. Dezember 1882

Da bin ich, lieber Freund, um Ihnen, so gut es durch so viel Ferne geschehen kann, zu dem mir ewig jungen Kindheitsfeste die Hand zu schütteln. Unten spielt meine Jüngste allerlei süße Melodien, und im ganzen Hause weihnachtet es sehr. Zwei Tage lang nichts als Kisten gepackt und Pakete gemacht und Weihnachtsbriefe an Alt und Jung in alle Welt gesendet; ich habe diesmal nur meine zwei Jüngsten, die Gertrud und Dodo, zu Haus, und morgen kommt aus Varel noch mein Musikus, das heißt Musiklehrer. Aber die breitästige, zwölf Fuß hohe Tanne steht schon im großen Zimmer, an den letzten Abenden ist fleißige Hausarbeit gehalten: der goldene Märchenzweig, dito die Traubenbüschel des Erlensamens und große Fichtenzapfen, an denen diesmal lebensgroße Kreuzschnäbel von Papiermaché sich anklammern werden, während zwei desgleichen Rotkehlchen neben ihrem Nest mit Eiern im Tannengrün sitzen, feine weiße Netze, deren Inhalt sorgsam in Gold- und andere nach Lichtfarben gewählte Papiere gewickelt ist, alles liegt parat, und morgen helfe ich den Baum schmücken.

Wenn dann aber am Weihnachtsabend die Lichter brennen und die Kinder ihr Weihnachtslied anstimmen, dann überfällt's mich doch: Wo sind sie alle, die sich einst mit mir gefreut? – Antwort: wo ich auch bald sein werde. – Und das Geschick deiner Lieben? – Ein ewiges Dunkel für dich.

Lieber Freund, ich werde sentimental, und

das schickt sich eigentlich nicht für alte Leute...

Doch genug für heute. Die Meinen grüßen Sie mit mir. Möge auch über Sie die Märchenstille dieses Festes kommen, einerlei ob von dem Kinde in der Krippe oder von unsern alten schönen Götterfrauen, die in den Zwölften Umzug halten! Vor allen Dingen auch möge Ihr treu Geschwister sich mit Ihnen in gefestigter Gesundheit der Festesruhe freuen!

Ich grüße Sie herzlich   Ihr Th. Storm

FRANZISKA GRÄFIN ZU REVENTLOW
AN JOHANNES EMANUEL FEHLING

L., 24. 12. 90, 6 Uhr

Wärest du jetzt bei mir, Geliebter, und hieltest mich mit Deinen starken Armen umfangen und ich könnte Dir all das Weh sagen, das mir das Herz bedrückt!

Ich sitze hier – so recht innerlich einsam und sehne mich so unaussprechlich nach Dir. Nicht, daß ich elend wäre, es war so gut heute morgen mit Dir zu gehen, und ich habe den ganzen Tag viel besser überstanden als gestern, aber mir ist heute abend so furchtbar einsam und wehmütig. Erst in der Kirche und dann bis jetzt Familiensitzung – alles so öde. Ludwig ist doch gekommen, und es ist natürlich eine furchtbare Albernheit und Festlaune – ich kann nicht dagegen an und fühle mich fremd dazwischen. Ach mein Emanuel, ich bin ja doch so reich – ich kann mich zu Dir flüchten und Du verstehst mich – ist das nicht genug, um zu leben und alles, alles leiden zu können? Ich habe heute so recht darüber nachgedacht und mir zurechtgelegt, und ich will nun wieder mit Mut daran gehen und ihn nicht gleich wieder sinken lassen, wenn es mir schwer wird, mich durchzufinden.

Nun ist die ganze Wirtschaft glücklich vorüber, nach dem Tee sind P., M., Catty und ich noch zusammen gegangen – nun sitzen die andern unten mit Punsch und animierten Gesprächen. Ich habe mich zurückgezogen und liege nun im Bett; es wurde mir schwer genug, mich so lange aufrecht zu erhalten. Ludwig war eben noch bei mir und sehr nett.

Es ist mir so sonderbar, daß heute Weihnachtsabend ist – und daß mir das jetzt nichts mehr ist, was mein Herz früher mit Seligkeit füllte. Die früheren Weihnachten in Husum steigen vor mir auf. O könnte ich den märchenhaften Zauber noch einmal fühlen, der jetzt auf immer dahin ist. Wenn wir erst im Dunkeln zur Kirche gingen und wie feierlich und schön war es, in der erleuchteten Kirche mit 2 Weihnachtsbäumen; nachher in atemloser Spannung warteten – in ganz alten Zeiten, als Theodor noch lebte – saßen wir alle in der dunklen Kinderstube vor der Tür bis es klingelte. Dann im Saal mit 2 Riesenbäumen. Alles so hell, daß man vollkommen geblendet wurde – ach, es war alles so schön. Weihnachten war für mich einer der seltenen Momente, wo ich mich nicht zurückgesetzt fühlte, wo ich mit den andern gleich behandelt wurde, überhaupt der Höhepunkt von Glückseligkeit, wo alle Bitterkeit für den Augenblick verschwunden war. Könnte man noch einmal wieder als Kind, als gläubiges Kind, den Wonneschauer des Weihnachtsabends fühlen! Aber das ist vorbei, vorbei und erloschen...

CHRISTIAN MORGENSTERN
AN PHILIPP DEPPE

Berlin [Dezember 1895]

Mein lieber kleiner Philipp Deppe,
erinnerst Du Dich noch an den jungen schlanken Herrn, den Du am 18. August 1895 gegen Abend außen auf dem Landungsstege trafst, als Du bei der Ebbe Krabben suchen wolltest und keine fandest? Du erzähltest mir damals von einem Bruder, der ebenso wie ich Christian hieße, und von Deiner Schule, Deinen Reisen, Deinem Onkel, von Papa und Mama und von Deinen Ersparnissen. Auch daß Du nächstens Geburtstag hättest, kriegte ich aus Dir heraus, und nun fragte ich Dich, ob Du nicht irgendeinen kleinen Wunsch hättest.

Und da sagtest Du endlich, Du möchtest wohl ganz gern einmal solch ein kleines Schiff haben mit einem kleinen Anker und das man selbst so ein bißchen auftakeln könnte.

»Nun!« hast Du Dir im Sommer wohl gedacht, als ich nichts mehr von mir hören ließ, »der Christian da hat mich kleinen Philipp offenbar ganz vergessen.«

Das war aber nicht so. Ich dachte sogar sehr oft an Dich. Auf Sylt aber, wo ich im Kurhaus Kampen drei Wochen verbrachte, ging mir leider das Geld aus, was Dir wahrscheinlich auch manchmal im Leben passieren wird, obwohl ich es Dir nicht wünsche. Und so nahm ich mir vor, Dir Weihnachten aus Berlin ein kleines Schiff zu schicken. Du mußt nun als Inselbewohner, der so viele schöne Boote

immer vor Augen hat, an das kleine beigepackte Ding keine hohen Anforderungen stellen. Denn die Berliner sind schlechte Schiffsbauer, und ich bin aus mehreren Spielwarenhandlungen ärgerlich wieder hinausgegangen, weil sie entweder nur Schiffe aus lackiertem Blech hatten, was ganz unseemännisch aussieht, oder aber Schiffe mit einem Mast- und Segelwerk darauf, das so wenig der Wirklichkeit entspricht, daß man die Berliner Landratten, die das gemacht haben, nur gründlich auslachen kann.

Das Segelboot, das ich nun endlich fand, sieht wenigstens einigermaßen anständig aus, und der Verkäufer hat mir versichert, es hätte einen Bleikiel und schwämme ganz schön. Das muß ich nun Dir zum Ausprobieren überlassen. Sollte es nicht so seetüchtig sein, wie ich hoffe, so schreib' mir's ja, damit ich mit dem Verkäufer ein Hühnchen pflücken kann. Ich hätte Dir ja gern noch ein größeres und schöneres Schiff geschickt, aber es geht eben nicht immer so, wie man gern möchte, und ich wollte Dir hauptsächlich damit zeigen, daß ich

Dich kleinen Kerl nicht vergessen habe und nichts lieber hätte, als wenn ich sehen könnte, ob Du Dich etwa darüber freust.

Ihr mögt jetzt wohl viele gefährliche Stürme auf der Insel haben, ich las erst kürzlich eine Nachricht von Eurer Insel. Das wäre schön, wenn ich jetzt mal ein paar Tage an der Nordsee sein könnte, im Sommer ist sie ja meistens so sehr ruhig.

Nun, vielleicht komme ich mal wieder und werde Dich dann gewiß besuchen. Sei recht vergnügt am Weihnachtsabend und bleibe ein strammer deutscher Junge! Grüß Deine lieben Eltern unbekannterweise vielmals von mir und schreib mir mal, wenn Du Zeit und Lust hast!

Mit Gruß und Handschlag
                Dein Christian Morgenstern

AGNES GÜNTHER
AN IHREN MANN

Bordighera, Weihnachten 1901

... Um 5 Uhr machte ich feierlich Toilette, mein Samtkleid, das war auch schon ein Vergnügen, es war so ein bißchen, wie wenn man gesund wäre. Als ich angezogen war, kam Miß Taylor, um nach mir zu sehen und mich in einen Wagen zu packen. Um 6 Uhr fuhr ich wohlverpackt ab, konnte aber mit meinem Wagen nur bis an den Eingang des Weges gelangen, der zu dem Riposagarten führt. Es war eine warme Nacht und Vollmond, und wie ich da ganz allein, den Weg an himmelhohen Zypressen vorbei, dann durch den großen Riposagarten mit seinen im leisen Wind flüsternden Palmen wanderte, da kam mir so recht zum Bewußtsein, daß ich am Heiligen Abend da hindurchwandern durfte unter Palmen und Rosen, und es eine Nacht sei wie die, da Jesus geboren ist. Ich dachte an Euch, an die gespannten Kinder und an Dich, und ich war so glücklich, daß ich in diesem fremden Lande auf einmal dem Christkind näher war, als ich es je im heimatlichen Christtrubel sein konnte. Die Rosen, die alle Wege einfaßten, leuchteten sanft im Mondschein, und über den Bergen stand ein sanft verschleierter Mond, und da wanderte ich in der Heiligen Nacht – ich hatte fast Mühe, mich mit mir selbst zu identifizieren. Endlich erschien das erleuchtete Häuschen, und wie ich die Türe aufmachte, man ist sofort im Wohnzimmer, fiel mir gleich der reizend geschmückte Christbaum ins Auge...

WILHELM BUSCH
AN FRAU HESSE

Mechtshausen, 30. Dezember 1902.

Meine liebe Frau Hesse!
Es freut mich, aus Ihrem Briefe zu sehn, daß Sie glücklich wieder hergestellt sind. – 1903 steht vor der Tür, um demnächst einzutreten. Möge das neue Jahr Ihnen recht viel Gutes bringen. .

Ich selbst befinde mich wohl bis jetzt. Im Hause geht mir's nach Wunsch. Die drei Kinder sind wohlerzogen. Ihre Heiterkeit um den Christbaum herum, ihre nachträgliche Tätigkeit mit den Geschenken zum Handgebrauch, wie Martin hämmert, wie Ruth fleißig bügelt und Anneliese ihr Püppchen schleppt, das kann ich noch immer trotz meines Alters nicht ohne Teilnahme betrachten. Zu längst vergangenen Weihnachtstagen ziehen dann die Gedanken zurück, als das bescheidene Verlangen so leicht zu befriedigen war, während die kleine Phantasie sich obendrein rührte, das Angenehme noch mehr zu verschönen.

Unser Winter kam diesmal früh, scharf, unerwartet, so daß wir die Rosen holterdiepolter bedecken mußten, vielleicht schon zu spät. Nachher fiel Schnee in Menge. Es macht sich ja nicht übel, aber als alter Junge, find ich, tut man am besten, sich diese Herrlichkeit von der Stube aus behaglich rauchend zu betrachten.

An die Vögel draußen wird auch gedacht. Für die Meisen hat der Neffe allerlei Ampeln, ausgegossen mit Talg und Sämereien, gegenüber den Fenstern in die Bäume gehängt; am Boden dagegen sind Äpfel und Korinthen für die Schwarzdrossel serviert. Das ist unser Wintertheater. Wie Sie sehen, sind nicht nur die Stadtleute vergnügungssüchtig.

Bleiben Sie gesund und munter, liebe Frau Hesse. Herzliche Grüße von

    Ihrem alten Wilhelm Busch

RAINER MARIA RILKE
AN ELLEN KEY

Rom, Villa Strohl-Fern,
am 22. Dezember 1903

Meine Freundin,
nach vielen langen Regentagen mit schweren, fallenden Himmeln hebt hier eine Art von Frühling an; Duft kommt aus den Büschen, und die Lorbeerbäume, die der Mittag erwärmt, riechen nach ersten Sommertagen. Es gibt Sträucher, an denen die langen Kätzchen hängen, und andere Sträucher, die morgen blühen werden, wenn die Nacht so sanft ist wie diese letzten Nächte, die im wachsenden Monde langsam und milde vergangen sind. Und dabei ist Weihnacht nah; die Leute sagen es wenigstens, und kommt man abends in die überhellen Straßen der Stadt, so ist das Gedränge groß, und die Schaufenster schimmern. Hier aber in dem großen Garten, in dem

wir wohnen, wird nicht Weihnacht sein; ein Tag wird kommen, hell und strahlend, und wird vergehen, und ein Frühlingsabend wird sein – ein Abend mit fernen dämmernden Himmeln, aus denen plötzlich alle Sterne brechen, alle die vielen Sterne, die über südlichen Gärten leben.

Für uns aber wird dieser Abend nur eine stille Stunde sein, nichts mehr; wir werden in dem entlegenen kleinen Gartenhaus sitzen und an jene denken, die Weihnacht haben; an unsere kleine liebe Ruth und an uns, als ob wir selbst noch irgendwo die Kinder wären, die wir einmal waren – die wartenden, frohbangen Weihnachtskinder, auf die die großen Überraschungen zukommen wie Engel aus Innen und Außen; wie Kinder, die das Dunkel jener Abende, die dem einen Abend vorangingen, fürchteten und liebten; die fühlten, wie klein in jenen Dezembertagen, die das Fest vorbereiteten, der Kreis der Lampe war und wie immer geheimnisvoller die Stube ringsum sich verlor, so daß man gar nicht sagen konnte, wo ihre Wände waren und ob man

nicht an einem runden Tische mitten im Walde
saß ... Bis dann alles Dunkel sich in Glanz
verwandelte, so daß man auch die geringsten
Dinge glänzen sah.

Aber damit alles dies geschehen konnte,
mußten große Winde gewesen sein, lange
Nächte, in denen der Sturm alles war, mußte
man überstanden haben – Nächte und Tage,
die verhangen waren, halbhell und schwach,
wie ein Verzögern des Morgens nur, bis an den
frühen Abend hin, alles, bis zu jenem großen
stillen Schneefall, der fiel und fiel und machte,
daß die Welt sich leiser bewegte, der Tag
geräuschloser lief und Nacht heimlicher kam –

Aber da wir so nördlicher Dinge gedenken,
die mit unserem Kindsein sehr verflochten
sind, sind wir Ihnen, meine liebe Freundin,
mit dem Herzen nah: wir stellen uns das kleine
Haus vor, in dem Sie jetzt wohnen und schreiben, bei der Lampe an einem schönen Buche
schreiben, das wir einmal lesen werden; und
stellen uns vor, daß es tief und allein im großen
Winter liegt, Ihr kleines Haus, in dem die
lieben ererbten Möbel und die gewohnten

Dinge freundlich stehen, und daß es eine echte, wirkliche Weihnacht haben wird. Und zu dieser Weihnacht senden wir viele, viele Wünsche hin!

Ich denke viel an Sie, meine Freundin, und komme bald mehr von mir erzählen. Dieses sollte nur ein Grüßen sein und ein Zeichen von Liebe und Nähe.

Ihr   Rainer Maria Rilke

MAX DAUTHENDEY
AN SEINE FRAU

Garoet, 22. Dezember 1915,
Weihnachtsepistel

Liebes Herz, ich weiß noch nicht, wo ich den Weihnachtsabend verbringen werde. Der Großkaufmann Zimmermann, der bei Buitenzorg ein Landhaus hat, hat mich gestern brieflich für den Abend des 25. zum Weihnachtsbaum zu sich und seiner Nichte eingeladen; er ist unverheiratet, und sie führt ihm das Haus. Ich bin aber noch unentschlossen. Ich habe so wenig Geld, und es ist fast eine halbe Tagereise mit der Eisenbahn von hier nach Buitenzorg.

Er schickte mir auch ein kleines Heft sehr hübscher Gedichte, im chinesischen Stil nachgedichtet. Zimmermann ist sehr musikalisch und außerdem sehr kunstverständig, besonders für Chinakunst. Er hatte vor dem Krieg auch eine der schönsten chinesischen Sammlungen.

Ich sehne mich, am Weihnachtsfest, bis Neujahr, mit meinen Gedanken an Dich und Deutschland allein in einer Waldlandschaft sein zu können. Hier im Hotel wird für die Kinder in der Hotelhalle am heutigen Abend ein großer Baum aufgestellt sein, und ich glaube, es ist dann viel Trubel. Vielleicht werde ich mich für diese Tage in ein kleines Gasthaus »Villa Pauline« am Fuß des Vulkans Papandajan zurückziehen. Herr von Auer ist auf eine Teeplantage eingeladen. Am liebsten wüßte ich gar nicht, daß Weihnachten ist. Es ist ein Friedensfest, und es paßt sich gar nicht, daß die Welt, die sich zerfleischt, solange sie noch nicht fertig gestritten und ausgetobt hat, mit blutigen und blutdürstigen Händen und Herzen ein *so sanftes Kinderfest feiert, das in seinem Mittelpunkt ein friedliches Kinderlächeln, ein heiliges, in einer Krippe* sehen will.

Ich mag keine frommen Weihnachtskerzen in der Zeit, wo mich die unfrommen Kriegstelegramme ganz in Anspruch nehmen. Aber der Bürger ist ein Gewohnheitswesen, und er kann von eingefleischten Gewohnheiten auch nicht in einer Zeit lassen, wo sie widersinnig wirken. Es ist ihm gar nicht darum zu tun, den tiefen Sinn und den heiligen Ernst eines Festes zu feiern, er will nur einen Grund haben, bequem zu sein; und nie kann er die Zeiten mit ihrem verschiedenen geistigen Gehalt reinlich voneinander trennen. Zu Weihnachten vermengt sein alter Gewohnheits- und Bequemlichkeitstrieb den Frieden und den Krieg. Ich bin innerlich ganz entrüstet über die seelische Verlogenheit vieler meiner Zeitgenossen. Wenn Krieg ist, soll Krieg sein! Friedliebende Feste feiert man dann nicht. Wenn man täglich dem Kriegsgott Hekatomben von jungen gebildeten Europäern opfern muß, so hat man nicht die ruhigen Augen, um stille Weihnachtskerzen anzuschauen. Und wie kann man die Geburt eines Mannes feiern wollen, der alle Völker friedlich vereinen wollte und der lehrte: Wenn einer Dich auf die linke Wange schlägt, halte ihm auch die rechte hin!

Man soll ehrlich sein und Krieg führen und

soll sich sagen, wir waren noch nie Christen und werden alle zusammen auch niemals ein Christentum erreichen. Denn das Ganze ist ein Märchen, das man nicht in Leben umsetzen kann. So wie die Rüben des Rübezahl, die er in Menschen verwandelte und die wieder verwelkten, ewig Märchenfiguren bleiben, so wird Christus uns Europäern immer eine liebe asiatische Märchenfigur bleiben.

Wie kann man nur mit der einen Hand friedliche Weihnachtskerzen anzünden und mit der anderen Gewehre laden! Nur eins von beiden soll sein. Jedes Ding zu seiner Zeit, die ernsten Dinge besonders.

Die Schiffe gehen jetzt über Kapstadt um Afrika herum.

Herzlich umarmt Dich   Dein Max

HANS CAROSSA
AN MARIA DEMHARTER

[Berg Vadas] 28. 12. 16

Maria, Liebstes!
Es sieht so aus, als kämen wir bald in Bewegung, und wer weiß, ob ich dann so schnell wieder schreiben kann; drum geb ich Dir heute noch rasch einige Nachrichten.

Wir liegen noch immer am Hange dieses finstern unheimlichen Berges Vadas, dessen Kuppe die Russen noch halten. Jetzt aber steht ein großer Angriff unsererseits bevor.

Den Weihnachtsabend verbrachte ich beim Stab ganz nahe hinter der Feuerstellung. Z. Zeit führt das Batl. der Hauptmann Jetzt, der gleichzeitig mit mir beim 3. REGT. I. ERS. BATL. in Augsburg war. Die Stimmung war zunächst keine sehr gehobene. Der Zufall fügte es nämlich, daß von sämtlichen anwesenden Offizieren nicht einer etwas von zu Hause erhalten hatte. (Nur ich hatte nachmittags Deinen lieben herzlichen Brief erhalten, in dem Du mir von meiner Mutter schriebst.) Wir ließen die lang aufbewahrten Flaschen Sekt kommen, u. allmählich fingen schon alle an, sich zu trösten und auf die kommenden Tage ihre Hoffnungen einzustellen, da kam abends 8 Uhr noch eine Sendung meiner Frau an, die so reichlich bemessen war, daß auf jeden Anwesenden ein mehr als genügendes Maß entfiel. Auch Hofbräuhausbier in Flaschen, ein längst entwöhntes Getränk war dabei, die Stimmung war hergestellt. Ein kleiner Christbaum wurde angezündet, u. die Telephonisten sangen »Stille Nacht, heilige Nacht« ... während die Russen 800 m vor uns Minen herüberwarfen u. dann jedesmal ein furchtbares Vergeltungsfeuer bekamen, bis sie endlich gerne den Mund hielten.

Ja, am 13. Dezember stand mein Lebenslicht in heftigem Wind; u. mir ist seither, als wäre mir mein Da-Sein neu geschenkt. Das macht ernst und froh zugleich. Am 17. Dez. erhielt ich das Eiserne Kreuz; der Regts.-Kommandeur ging den weiten Weg, 1½ Stunden zu meinem Unterstand, um es mir selbst zu überreichen. In den Weihnachtstagen tauchte wieder der tote Bischof in mir auf u. ließ mich nicht in Ruhe, gebieterisch Leben fordernd.

Da untertags keine Sammlung möglich ist, ging ich immer abends den Fuß des Berges entlang und gab mich nun dem Stoff mit ganzer Seele hin. Nun zeigte sich, wie gut es gewesen war, daß ich das Ganze ruhig in mir hatte keimen lassen; die Lösungen stellten sich wie von selbst ein, und nun fühle ich, daß die Form endgültig ist ...

Ich bin gestört worden; eine Mine hat bei der 7. Kompagnie eingeschlagen u. einen unserer besten Unteroffiziere, Hofer, einen Augsburger, in Stücke zerrissen. Er ist während des Verbindens gestorben, hatte gar keinen Schmerz, redete irr, wußte gar nicht, was ihm geschehen war. Die Russen sind überhaupt wieder äußerst unruhig; sie scheinen zu merken, daß man einen Angriff gegen sie plant und unternehmen bald da, bald dort kleine Angriffe, vermutlich um Gefangene zu bekommen u. aus diesen etwas herauszubringen...

Mit heilig reiner Freude sehe ich seit 2 Tagen wieder den Mond, vorgestern noch wie einen ganz schmalen gebogenen Halm, heute schon als eine Sichel von mächtiger Leuchtkraft. Und draußen im Schnee liegt noch der Tote; herrlich über Liebe und Tod glänzt das Gestirn.

Nun bringen die Polen einen Verwundeten. Ich muß schließen. Gute Nacht! Beginne froh das neue Jahr und denke wie ich in der Silvesternacht daran, wie glücklich wir im alten waren.

Dein Hans

Bitte auch die Zeitung schon jetzt abzubestellen; wie sehr ich Dir für diese dankbar bin, wollte ich Dir schon oft oft sagen.

THOMAS MANN
AN SEINE TOCHTER ERIKA

> München den 23. XII. 26
> Poschingerstraße 1

Liebes Erikind,
für all Deine Lieb' und Treu' muß ich Dir doch danken und Dir einen Weihnachtsbrief schreiben, auch für die Negerplatte als Zeichen der Treuherzigkeit, obgleich sie, wie ich Dir leider, leider gestehen muß, mittendurchgebrochen angekommen ist. Aber die Kinderplättchen sind heil und die Süßigkeiten sehr erquicklich, Ingwerschokolade, wie Feigen.

Wir wollen nur hoffen, daß es mit unserm Schnaps nicht gegangen ist wie mit eurer Platte; denn dann hätte es übel auch um die anderen Sächelchen in Mieleins Paket ausgesehen. Die rohen Transporteure werfen so schnöde mit den Sendungen herum. Deinen Dankesbrief für die Ges. Werke habe ich kaum verdient, denn es war Mielein, die sie bei Fischer für Dich bestellt hat, und natürlich waren auch sie als Weihnachtsgabe gedacht, so daß der G. G. (ich hoffe, er hat Augen gemacht angesichts seines Schlafrocks!) sie Dir eigentlich vorläufig hätte sperren und Dir erst morgen abend aufbauen sollen. Und nun hast Du schon im voraus Tränen darüber gelacht. Was mir ja aber nun auch wieder nicht unlieb ist.

Für Mielein habe ich eine schöne Handtasche, eine Armbanduhr aus weißem Golde, Murano-Vasen, warm gefütterte Handschuhe und eine Taschenlaterne zum Beleuchten der Kleinen zu später Stunde, ohne daß Kürzl erwacht. Die Empfängerin dieser Gaben hetzt seit einigen Tagen rastlos durch Straßen und Geschäfte, denn für viele gibt es vieles zu besorgen, was sie ja auch genau im voraus wußte, ohne sich dadurch zu rechtzeitigem Beginn der Arbeit bestimmen zu lassen. Sie wird morgen abend wohl erschöpft bis aufs Letzte sein, aber wir freuen uns doch alle sehr auf das Fest, das sogar besonders geselligen Charakter anzunehmen verspricht. Außer alten Fays und Babüschleins werden auch wohl Fränkchens zum Essen (mit Truthahn und Sekt) kommen, noch dazu mit ihrem Freunde Speyer, der sonst einsam wäre.

Ich bin recht froh, daß ich wieder schreibe. Man fühlt sich eigentlich doch nur und weiß nur etwas von sich, wenn man etwas macht. Die Zwischenzeiten sind greulich. Der Joseph wächst Blatt für Blatt, wenn es vorläufig auch nur eine Art von essayistischer oder humoristisch-pseudowissenschaftlicher Fundamentlegung ist, womit ich mich amüsiere. Denn Spaß macht mir die Sache mehr, als je etwas anderes. Es ist einmal etwas Neues und auch geistig Merkwürdiges, indem Bedeuten und Sein, Mythos und Wirklichkeit diesen Leuten beständig ineinander gehen, und Joseph eine Art von mythischem Hochstapler ist.

Auch tue ich etwas für meine Jahre und empfange jeden zweiten Morgen in der Frühe Herrn Silberhorn, den Masseur und Turnmeister (von Lampé empfohlen), der mich unter anderem 40 Mal hüpfen läßt und mich schließlich mit Kölnischem Wasser abreibt. Im Auto fährt er vor und nimmt 8 Mark für sein jedesmaliges Werk, der Spitzbube. Aber er war ja Hauptmann im Kriege, und Gustl Waldau massiert er auch.

Nun genug, meine Kleine. Wir sollen uns heute Abend den »Gneisenau« betrachten, ein lächerliches Ansinnen, dem wir aber nachkommen. Dir, Deinem braven Mann und dem Eissiknaben recht frohe Festtage! Z.

BERT BRECHT
AN HELENE WEIGEL

Liebe Helli,
ich habe *alle* Anstrengungen gemacht, hier wegzukommen, aber es wäre eine *zu* große Dummheit gewesen, da noch einige Verhandlungen über den Roman und »Rundköpfe« »schweben«. Also kann ich erst in etwa 2 Wochen weg, allerhöchstens in 3, so daß ich Mitte Januar in Svendborg bin. Es gibt also ein tristes New York Weihnachten im Schoß der

Eislerfamilie. Das Svendborger Weihnachten holen wir natürlich nach, die Sachen bringe ich mit. Steff und Barbara gehen mir sehr ab, schon jetzt, und an Christbäume ohne Dich kann ich mich nicht mehr erinnern; es war immer ein guter Abend und eine gute Nacht, *liebe Helli*. Hier ist es sowieso nicht übermäßig wohnlich und dann auch noch Otto! Er *muß* im Januar kommen!

Ißt Du genug? Rauch nicht zu viel und heiz gut. Und behalte mich in der Erinnerung (und schreib mir »deine« unter die Briefe).

Ich küsse Dich
b

[New York, Dezember 1935]

HANS CAROSSA
AN FRANZ HAMMER

Seestetten, den 16. Dez. 1939

Verehrter, lieber Herr Franz Hammer!
Empfangen Sie meinen wärmsten Dank für Ihre guten Worte! Der Druck der finsteren Zeit liegt auf uns allen, vielleicht am fühlbarsten auf jenen, die einsam leben und ehrlich genug sind, das Weltgeschehen in seiner ganzen Bedeutung zu sehen. Immerhin dürfen die Jüngeren noch auf beruhigte Jahre hoffen, wo wieder eine stete Entwicklung und mehr Freiheit im Gebrauch der Kräfte möglich sein wird. Frohe Weihnachtstage wünscht Ihnen mit herzlichem Gruß Ihr

Hans Carossa

GOTTFRIED BENN
AN F. W. OELZE

15/XII 40.

Lieber Herr Oelze,
Dank für Rücksendung des Briefes! Vielleicht interessiert es Sie zu hören, daß er den größten Eindruck gemacht hat u. den höchsten Generälen zugeleitet wurde: eine etwas originale u. nicht kommissige Ansicht! Hoffentlich nützt er den armen Hinterbliebenen u. sie erhalten nun wenigstens etwas Versorgung u. Rente.

Hinsichtlich der Beförderung ist es dann so, wie Sie schreiben. Z. V. Offiziere, die »Lauen«, müssen 10 Monate dabei gewesen sein. Aber das ist doch für Sie bald soweit?

Waren Sie nicht in Stargard, wo doch vergangene Woche der große Lehrgang für die Herren Stalag- usw. Offiziere war?

Das Bild des kämpfenden Giganten vom Nordfries ist wunderbar! Ungeheuer differenziert in Ausdruck u. Haltung. Ich will Weihnachten hingehn u. ihn betrachten. Wenn ein Sieg wirklich ein Sieg ist, nicht nur ein technischer Zufall infolge gezogener Vorderladerkanonen gegenüber glatten Geschützrohren, wenn hinter ihm die Notwendigkeit der menschlichen Idee steht, zeichnet er bestimmt die gleichen unauslöschlichen Male des Geistigen in die Antlitze und körperlichen Gefüge wie die Niederlage; alles, wenn es tief ist, sucht und findet den Geist u. ist »immerfort dasselbe«.

Und nun zu der größten Überraschung: 2 Flaschen Rum vom Bremer Rumkontor! Herr Oelze! Wärme, Mittelpunkt für den fastenden u. frierenden Leib! Haupt- u. Herzenskohlenbecken für den auf kalten irdischen Gegenständen elmsfeuerhaft zerflatternden, sammlungsunfähig gewordenen Gemütszustand! Ich sehe die zarte Röte der Flamingos wieder am Saum der Dinge; eine Mandelblüte über der dunklen Erde der Welt! Dem Fakir dessen – Verneigung und Dank!

Und »Heiligabend« werden Sie in Schles-

wig sein? Bedauern Sie es? Es kann ganz schön sein, stelle ich mir vor. An solchem Abend das Meer sehn, wäre vielleicht ein Eindruck. Auch hier Gemeinschaftsfeier! 50 Kuchenmarken hat jeder abzuliefern u. ein Geschenk im Preise von 1 M. Sie können sich denken, wie freudig erregt ich schon bin in der Erwartung, was ich erhalten werde. Tausend Grüße und Dank!
       Herzlich Ihr Benn.

STEFAN ZWEIG
AN SEINE FRÜHERE FRAU

Petropolis, 15. Dezember 1941

Liebe Friderike,
besten Dank für Deinen Brief. Ich fürchte, daß infolge des Krieges Briefe manchmal verspätet eintreffen werden, namentlich per Schiff, doch hoffe ich, Du wirst wenigstens diesen hier bis Weihnachten haben. Für uns, die wir den Frieden lieben, wird es eine traurige Weihnacht sein, und ich hoffe, Du wirst wenigstens die Befriedigung haben, Deine Kinder an Deinem Tisch zu sehen. Wir wollen nicht zu sehr an die kommenden Jahre denken, sie werden viele der Dinge vernichten, nach denen wir uns sehnen – ein ruhiges Leben und eine gewisse Sicherheit – und auch nach der schließlichen Vernichtung Hitlers wird die Welt ihre Probleme haben und einen neuen Weg finden müssen, und jeder einzelne von

uns auch. Das Leben wird schrecklich hart sein für jeden von uns, und für meine literarische Arbeit sehe ich keine großen Aussichten, namentlich weil ich mit meinen alten Plänen wie Balzac nicht fortfahren kann: Vielleicht wird der Montaigne in einigen Monaten Gestalt annehmen. Der arme Scheyer, was muß er durchmachen – ich kann nicht verstehen, warum all diese Leute darauf beharren, ein solches Leben fortzusetzen; selbst wenn er noch in die Staaten hinübergehen könnte, müßte er alles zurücklassen, und Du weißt, wie stolz er ist. Hier ist alles noch ruhig, nicht die geringste Erregung, aber auch dieses Land wird eines Tages hineingezogen werden; mein Traum wäre es, irgendwo stillzusitzen, aber die Häuserpreise sind phantastisch gestiegen, und man müßte ins Innere gehen, wo man von Büchern und Freunden völlig abgeschnitten ist. Auf jeden Fall habe ich einen Mietvertrag bis Ende April, aber ach, die Zeit vergeht schrecklich schnell. Wie weit scheint es mir zurückzuliegen, daß ich ein Haus hatte, meine Bücher, und ich weiß schon, daß all dies für immer dahin ist. – Im Januar werden Dein Bruder und Clarissa für ein paar Tage kommen, um der Hitze in Rio zu entrinnen: Er hat gute Nachrichten von seinem Sohn, der wichtige wissenschaftliche Entdeckungen gemacht hat. – Ich denke, Du siehst jetzt weniger Leute, da jedermann mit seinen eigenen Sorgen beschäftigt ist, so daß Du an Deinem Buch weiterarbeiten kannst. Es wird nun lange dauern, bis wir uns wieder sehen (wenn überhaupt), und ich bin froh, daß Du Deine Kinder und Verwandten bei Dir hast. In den nächsten zwei Monaten wird Petropolis seine Einsamkeit verlieren, und der Gedanke, wieder mit Leuten zusammenzutreffen, erschreckt mich etwas – ich mag jetzt nicht sprechen, weil niemand unsere Lage verstehen kann. Man muß diese Dinge am eigenen Leib erfahren haben. Sie werden jetzt besser verstehen, was wir seit Jahren gelitten haben und daß man mit seinem Heim mehr verliert als man sich vorstellen kann. Herzliche Grüße an alle und ruhige Weihnachten. (Ich wage nicht zu sagen: glückliche Weihnachten.) Herzlichst

Stefan

ERNST WIECHERT
AN GERHARD KAMIN

Hof Gagert, am 13. Dezember 1943

Mein lieber G. K.,
seien Sie sehr bedankt für Ihren Brief vom 16. November, der erst vorgestern hier ankam. Natürlich hat er mich mit Sorge erfüllt, aber doch habe ich die feste Hoffnung, daß nach aller Finsternis das Licht Ihnen wieder scheinen wird. Wer wüßte denn wohl besser als ich, daß die Flügel der Verzweiflung uns umschatten können, und doch lebt tief in unserer Seele die ernste Mahnung, uns nicht zu beugen, sondern stärker zu sein als das andere, weil wir eben fühlen, daß wir mehr wert sind als das andere.

Sie wissen, daß meine schwersten Erinnerungen nicht dem Kriege angehören. Was vor fünf Jahren war (Konzentrationslager in Buchenwald), war um das Unendlichfache schwerer als der Krieg. So krank, daß der Tod fast unvermeidlich vor mir stand, ein ganz einsamer und ganz verlassener Tod. Aber keine liebende Hand um mich, sondern eine Atmosphäre des Grauens. Und doch habe ich mich still auf das Letzte vorbereitet und wußte, daß ich es in guter Haltung bestehen würde, weil ich eben wußte, daß die Seele dazu verpflichtet.

Man darf den Stern nicht untergehen lassen, der über allem scheint und auf unsere Rückkehr wartet.

Alle meine guten Gedanken werden am Heiligen Abend zu Ihnen gehen, während ich das Evangelium vorlesen werde. Mit schwerem Herzen, aber doch mit tapferem Herzen, und ein Schimmer dieser Tapferkeit soll über Berge und Täler zu Ihnen kommen und Ihnen das Herz erwärmen.

Leben Sie behütet, und einmal wird die Sonne wieder auf Ihre Wege scheinen und das bestandene Leid als eine süße Frucht in Ihre Hände fallen lassen. Immer Ihr Ernst Wiechert.

ERNST WIECHERT
AN MELITTA KAMIN

Hof Gagert, am 14. Dezember 1943

Liebe Frau Kamin,
ich habe gestern abend Gerhard einen Weihnachtsbrief geschrieben und möchte auch Ihnen sagen, daß am Heiligen Abend, wenn ich das Evangelium vorlese, meine Gedanken mit aller Herzlichkeit bei Ihnen beiden sein werden. Wessen Fest bitterer sein wird, weiß ich nicht – wahrscheinlich das Ihrige, aber es war immer das Leid der Frauen, das Schwerere still zu tragen.

Denken Sie immer daran, daß das längste an Leid überwunden ist und daß das steigende Licht uns vielleicht in ein besseres Jahr führen wird. Und versuchen Sie, tapfer an Gerhard zu schreiben. Ich wünschte so sehr, er könnte mit seinem schwachen Körper für ein paar Monate in ein Heimatlazarett kommen, um sich wieder zu erholen. Bis dahin aber können wir nichts tun, als aus allen unseren Wünschen einen Schild zu bauen und über ihn zu halten.

Möchte das Kind Ihnen alle fehlenden Sterne ersetzen und ein Klang von den Hirten auf dem Felde auch zu Ihnen kommen.

Das wünscht Ihnen von Herzen Ihr Ernst Wiechert.

HANS ERICH NOSSACK
AN HERMANN KASACK

Hamburg, den 20. Dez. 1943

Lieber Herr Kasack,
ich schreibe mit der Maschine aus keinem anderen Grunde, weil mein Papier so knapp ist resp. auf dem, was ich noch habe, die Tinte immer durchschreibt. Also verzeihen Sie. – Es kamen heute Ihre beiden Karten an und Ihr Brief vom 17. ds., alle mit günstigen Nachrichten, wofür wir sehr dankbar sind. Von meinen Sendungen scheint dort also alles angekommen zu sein, außer dem zuletzt als eingeschriebener Brief abgesandten Päckchen für Ihre Frau. Auch dies wird sich hoffentlich rechtzeitig und gesund durch die Gefahrenzone auf das Potsdamer Eiland flüchten. Möge es ein Eiland bleiben.

Ich bin in den letzten Tagen nicht zum Schreiben gekommen. Der neue Schlag vom

13. ds. legt mir zunächst doch außerordentliche Lasten auf, wenn auch nur äußerliche. Vor allem ist es diese Kontorlosigkeit. In dem Raum, den ich bisher hatte, ist es bei dem Ostwind nicht auszuhalten; alle Pappen und Bretter nützen nichts, nach zwei Stunden ist einem der Verstand eingefroren. Dabei hätten wir große Weihnachtsabwicklungen vorzunehmen. Es gehört eine eiserne Gesundheit dazu. Diese Kontorhäuser, die sich über eine ganze Straße hinziehen und innerlich zusammenhängen, kommen mir wie das Heidelberger Schloß vor; nur mit dem Unterschied, daß wir noch darin herumkriechen und in irgendwelchen Winkeln eine Schreibmaschine klappert. Sonst können Sie von den Gängen durch die aufgerissenen Mauern links auf die Straße und rechts direkt in den Fleet blicken und fallen. (Heißt es: Der Fleet oder das Fleet? es ist strittig.) Es ist klar, daß diese Häuser einen vierten Schlag nicht aushalten. Von 25 Straßennummern haben nur noch vier ein Dach und ihre alte Stockwerkzahl. Jeden Mittag schon bei Luftwarnung setzt eine Flucht aus

dem Hafen ein. Gewiß, wir sind da etwas gefährdet, zumal durch die verrückte Vernebelung, aber wer sagt den Leuten, daß sie in der Stadt sicherer sind. Doch man darf da nicht raten. So sitze ich denn da allein und man kann nicht weiterarbeiten. Die Leute sind übernervös. Gerüchte laufen um, Flugblätter sollen abgeworfen sein etc. etc. Allerdings gebe ich zu, daß Tagesangriffe schwerer zu ertragen sind als nachts. Das geht allen so; der Grund ist nicht ganz klar, denn die Auswirkungen sind ja meist geringer, aber es ist nun einmal so. – In Harburg ist vor allem die Bahnhofsgegend schwer angeschlagen. Auch der Frankfurter D-Zug wurde getroffen und umgeworfen. Es soll viele Tote gegeben haben, man sagt 200, die man dann aber, weil es wohl nur Reisende waren, in der Hamburger Liste nicht mitgezählt hat. Solcher Kunststücke gibt es ja viele. – Genug davon...

Ich schreibe keine Weihnachtswünsche. Das wäre doch lächerlich, wo wir uns stündlich ganz andere Dinge wünschen. Es ist auch nicht nötig, sich wegen dieses kleinen 24. Dez.

nochmals zu sagen, daß man aneinander denkt. Wissen Sie, das Zugehörigkeitsgefühl meinerseits, dafür gibt es wohl keinen besseren Beweis als den, daß ich mich manchmal ungeduldig zeige und dann auch Dummheiten schreibe. Wenn ich das weiter darf und es Sie nicht allzusehr belastet, so ist das eine große Hilfe für mich.

Vielleicht, wenn Sie dies zornige Gemüt mit Ihren gelasseneren Augen betrachten, fällt hier und da auch ein Bröckchen Weisheit aus dem aufgeregten Schauspiel für Sie ab, und so ist denn das alles nicht ganz umsonst. Statt Weisheit müßten wir wohl lieber sagen: Kraft. Könnte ich sie nur auch anwenden, um die Bomben von Potsdam abzuwenden.

Ihr

GERTRUD BÄUMER
AN RUTH RITTER

Bamberg, 22. Dezember 1947

Liebe Ruth Ritter, ein Päckchen von Ihnen ist angekommen, aber ich kriege es erst (wie Karl Edward die seinen) zu Weihnachten »beschert«. Dazu gibt es leider weder Kerzen noch einen Baum – wenigstens wahrscheinlich nicht. Karl Edward hat heute die Stadt vergeblich danach abgesucht. Aber wir haben sehr große Vasen, in die man Zweige stellen kann, und ich glaube immer noch an das »Wunder« eines Paketes, das statt der Schokolade, die auf uns herniederregnet, mal ein paar Kerzen enthält.

Wie sehr wünsche ich Ihnen, daß Sie wieder in den Kreis kommen, in den Sie gehören. Sicher haben Sie – ich weiß es aus Ihren Briefen – auch in Ihrem Exil sehr viel Segen gestiftet, und das muß ja auch eine Befriedigung gewähren. Aber ich kann mir denken, daß die Kraft dazu in solcher Dürre nicht anhalten kann, und daß man eben einfach mehr seelische Vitamine braucht.

Ich arbeite zur Zeit an einem Buch über die 48er, es ist enorm interessant und eigentlich doch nicht genug bekannt und gewertet, was die führenden Männer dieser Zeit geleistet haben. Und gewagt! – Wenn man das mit der Gegenwart vergleicht!

Viele herzliche Grüße  Ihre G. B.

GOTTFRIED BENN
AN F. W. OELZE

19 XII 52 8 h.

L. H. Oe. Dank für Ihren reizenden Anruf u. gute Besserung für die Grippe. Ich gehe nicht zum Arzt u. Sie trinken keinen Alkohol – wir wissen, was wir von unseren Geschäften u. Materien zu halten haben. Ihr Brief betr. Frühe Lyrik war vom *I*. XII, wie ich eben feststellte, nicht vom 7. XII. Oder haben Sie am 7. XII auch einen Brief geschrieben? Den hätte ich nicht bekommen. Übrigens denke ich oft, wie sehr alles, was zur Post gehört, Weihnachten hassen muß, diese Pakete schleppende Menschheit mit Pulswärmern u. einem Taschentuch drin – alles um Liebe. Wenn ich zur Post gehörte, würde ich sicher alles vernichten, was ich unbemerkt erreichen könnte.

Dank u. gute Besserung   Ihr Benn

LITERATURVERZEICHNIS

Die Briefe wurden folgenden Ausgaben entnommen:

Johann Wolfgang von Goethe, Gedenkausgabe der Werke, Briefe, Gespräche. Hrsg. v. Ernst Beutler. Zürich 1951

Briefe von Johann Heinrich Voß. Nebst erläuternden Beilagen. Hrsg. v. Abraham Voß. Halberstadt 1832

Matthias Claudius. Briefe. Hrsg. v. Hans Jessen und Ernst Schröder. Berlin o. J.

Die Briefe Jean Pauls. Hrsg. v. Eduard Berend. München 1926

Bettine und Arnim. Briefe der Freundschaft und Liebe. Frankfurt a. M. o. J.

Ernst Moritz Arndts Briefe an eine Freundin. Hrsg. v. Erich Gülzow. Stuttgart und Berlin 1928

Theodor Körners Briefwechsel mit den Seinen. Hrsg. v. A. Weldler-Steinberg. Leipzig 1910

Goethes Briefwechsel mit Marianne von Willemer. Hrsg. v. Max Hecker. Leipzig 1922

Clemens Brentano's Gesammelte Schriften. Frankfurt a. M. 1855

Heinrich Heine. Briefe. Hrsg. v. Friedrich Hirth. Mainz 1950

Friedrich Schlegels Briefe an Frau Christine von Stransky. Wien 1911

Luise. Briefe der Liebe, an seine Braut Luise Rau geschrieben von Eduard Mörike. Hrsg. v. Hanns Wolfgang Rath. Ludwigsburg 1921

Heimatbriefe Ernst Moritz Arndts. Unter Mitwirkung
  v. Josef Loevenich hrsg v. Erich Gülzow.
  Greifswald 1919
Georg Büchner. Sämtliche Werke. Hrsg. v. Paul Stapf.
  Berlin und Darmstadt 1967
Lenau und die Familie Löwenthal. Leipzig 1906
Friedrich Hebbel, Sämtliche Werke. Bes. v. Richard
  Maria Werner. Berlin 1904
Fritz Reuters Briefe. Hrsg. v. Otto Weltzien. Leipzig
  1913
Die Andacht zum Menschenbild. Unbekannte Briefe
  von Bettine Brentano. Hrsg. v. Wilhelm Schellberg
  und Friedrich Fuchs. Jena 1942
Joseph Victor von Scheffel. Briefe ins Elternhaus.
  Hrsg. v. Wilhelm Zentner. Karlsruhe 1926
Gesammelte Werke von Theodor Fontane. Hrsg. v.
  Otto Pniower und Paul Schlenthner. Berlin 1910
Theodor Storms Sämtliche Werke. Hrsg. v. Gertrud
  Storm. Braunschweig 1917
Justinus Kerner, Ottilie Wildermuth, Briefwechsel.
  Hrsg. v. Adelheid Wildermuth, Stuttgart 1960
Theodor Storm, Briefe in die Heimat. Hrsg. v.
  Gertrud Storm, Berlin 1907
Theodor Fontane, Heiteres Darüberstehen. Hrsg. v.
  Friedrich Fontane. Berlin 1937
Fritz Reuter s. o.
Friedrich Nietzsches Briefe an Mutter und Schwester.
  Hrsg. v. Elisabeth Förster-Nietzsche. Leipzig o. J.
Briefe von und an Grillparzer. Hrsg. v. Carl Glossy.
  Wien 1892
Detlev von Liliencron. Ausgewählte Briefe. Hrsg. v.
  Richard Dehmel. Berlin 1910

Peter Rosegger. Das Leben in seinen Briefen. Hrsg. v. Otto Janda. Graz/Köln 1948

»In alls geduldig«. Briefe Wilhelm Raabes. Hrsg. v. Wilhelm Fehse. Berlin 1940

Peter Altenberg, in: Österreichischer Almanach auf das Jahr 1946. Wien 1946

Der Briefwechsel zwischen Theodor Storm und Gottfried Keller. Hrsg. v. Albert Köster. Berlin 1924

Franziska Gräfin zu Reventlow. Briefe 1890–1917. Hrsg. v. Else Reventlow. München 1975

Christian Morgenstern. Alles um des Menschen willen. München 1962

Gerhard Günther. Ich denke der alten Zeit, der vorigen Jahre. Agnes Günther in Briefen, Erinnerungen, Berichten. Stuttgart 1972

Wilhelm Busch. Sämtliche Werke. Hrsg. v. Otto Nöldeke. München 1943

Rainer Maria Rilke. Briefe. Hrsg. v. Rilke-Archiv in Weimar. In Verb. m. Ruth Sieber-Rilke bes. v. Karl Altheim. Frankfurt a. M. o. J.

Max Dauthendey. Mich ruft dein Bild. München 1930

Hans Carossa. Briefe. Frankfurt a. M. 1978

Thomas Mann. Briefe 1889–1936. Frankfurt a. M. 1961

Bertolt Brecht. Briefe. Hrsg. v. Gunter Glaeser. Frankfurt a. M. 1981

Hans Carossa s. o.

Gottfried Benn an F. W. Oelze. Wiesbaden und Stuttgart 1981 f.

Stefan Zweig – Friderike Zweig, Unrast der Liebe. Ihr Leben und ihre Zeit im Spiegel ihres Briefwechsels. München 1981

Ernst Wiechert. Briefe an einen Werdenden.
  Washington 1966
Hans Erich Nossack. »Dieser andere«. Frankfurt a. M.
Gertrud Bäumer. Das Leben wie der Liebe Band. Hrsg.
  v. Emmy Beckmann. Tübingen 1956
Gottfried Benn an F. W. Oelze. s. o.

QUELLENNACHWEIS

Für die Veröffentlichung folgender Briefe sind wir den
Rechteinhabern zu Dank verpflichtet:
Gottfried Benn an F. W. Oelze, aus: Gottfried Benn,
  Briefe. Band II/2: Briefe an F. W. Oelze. 1950–1956,
  Klett-Cotta, Stuttgart 1980
Bertolt Brecht an Helene Weigel, aus: Briefe,
  Suhrkamp Verlag, Frankfurt a. M. 1981
Hans Carossa an Maria Demharter, aus: Briefe in drei
  Bänden, Insel Verlag Frankfurt a. M.
Thomas Mann an seine Tochter Erika, aus: Briefe
  1889–1936, S. Fischer Verlag GmbH, Frankfurt
  a. M. 1961
Hans Erich Nossack an Hermann Kasack, aus: Dieser
  Andere, Suhrkamp Verlag, Frankfurt a. M. 1976
Rainer Maria Rilke an Ellen Key, aus: Briefe, Insel
  Verlag, Frankfurt a. M.
Ernst Wiechert an Gerhard Kamin, aus: Ernst
  Wiechert, Briefe an einen Werdenden, Albert
  Langen Georg Müller Verlag GmbH
Stefan Zweig an seine frühere Frau, aus: Zweig, Unrast
  der Liebe, Scherz Verlag, Bern und München

ABBILDUNGEN

Eva Stille, Ursula Pfistermeister, Alter
  Christbaumschmuck, Verlag Hans Carl, Nürnberg
Karl Voss, Seeheim-Jungenheim
Ruth Zechlin, Weihnachtliches, Otto Maier Verlag,
  Ravensburg

CIP-Titelaufnahme der Deutschen Bibliothek

WEIHNACHTSBRIEFE DEUTSCHER DICHTER
ges. u. hrsg. von Ulla Küster.
Stuttgart: Engelhorn Verlag, 1988
(Engelhorn-Bücherei)
ISBN 3-87203-048-5
NE: Küster, Ulla [Hrsg.]

© 1988 Engelhorn Verlag, Stuttgart
Alle Rechte vorbehalten
Lektorat: Renate Jostmann
Typographische Gestaltung: Brigitte Müller
Satz: Uhl + Massopust GmbH, Aalen
Druck und Bindearbeiten: Clausen & Bosse, Leck
Printed in Germany